康震 吴鹏 张旭 编

像医生一样思考
——专业医药代表从入门到进阶

化学工业出版社

·北京·

图书在版编目（CIP）数据

像医生一样思考——专业医药代表从入门到进阶/康震，吴鹏，张旭编．—北京：化学工业出版社，2013.1（2019.11重印）
ISBN 978-7-122-14175-0

Ⅰ．像… Ⅱ．①康…②吴…③张… Ⅲ．①药品-市场营销学-中国②医疗器械-市场营销学-中国 Ⅳ．F724.73

中国版本图书馆CIP数据核字（2012）第082694号

责任编辑：杨燕玲　张　赛　余晓捷　孙小芳　　装帧设计：IS溢思设计工作室
责任校对：洪雅姝

出版发行：化学工业出版社
　　　　　（北京市东城区青年湖南街13号　邮政编码100011）
印　　刷：三河市延风印装有限公司
装　　订：三河市宇新装订厂
710mm×1000mm　1/16　印张$15\frac{3}{4}$　字数215千字
2019年11月北京第1版第13次印刷

购书咨询：010-64518888
售后服务：010-64518899
网　　址：http://www.cip.com.cn
凡购买本书，如有缺损质量问题，本社销售中心负责调换。

定　　价：39.00元　　　　　　　　　　　　　　　版权所有　违者必究

献给具有职业操守和专业精神的医药同仁

2018. 8. 1

序

PREFACE

认识康震先生是在1999年。他刚从瑞典留学归来，我很荣幸他加入群英，成为了群英的第一位"海归"。那时，他身上有着一股浓郁的学者气质。光阴荏苒，康震早已是药励学舍的老板和业内知名的培训师；而我也成为了群英与中央一级出版机构化学工业出版社的合资公司——群英时代文化传媒有限公司的总经理。当康震来到群英时代时，我依然能够感受到他身上的学者气质。在今天这样一个急功近利，充满浮躁的社会里，他依然保持着这样一份寂寞的坚持，确实让我深深感动。接到为本书写序的邀请，我欣然应允。

用了两个夜晚的时间，通读了《像医生一样思考》的书稿。透过字里行间，我感受到了作者内心的一个使命：为医药代表"回归专业价值，找回职业尊严"尽一份力。

医药代表不应该是一个销售人员，他应该是医生的专业伙伴和医疗团队重要的一份子。正如美国的《医药经理人》杂志做的一份市场研究所显示，医生需要医药代表为他们提供没有任何偏见的科学信息和临床比较研究，从而能够帮助医生对自己做出的诊断和治疗方案提供客观的帮助。

在国外，医药代表是一个非常体面的职业。他们在药品的安全性、疗效、合理用药、不良反应等诸多方面为医生提供专业辅助。而在我们国家，医药代表严格意义上还算不上一个真正的职业。特别是这几年，医药代表的负面形象被无限制地夸大。很多医药代表产生"退隐江湖"的想法。

可喜的是，医药代表正在列入国家职业分类大典。本书也对于医药代表如何找回职业尊严，重塑专业形象，提供了系统的理念和方法，不乏真知灼见。正如，本书作者所言：这是一本写给专业医药代表的书。

这是一个专业主义的时代，只有那些具备专业主义精神和综合素能的人才有精彩的人生和未来。

刘　会

群英时代文化传媒（北京）有限公司
北京群英时代管理咨询有限公司　　　总经理
2012年10月

自序
PREFACE

13年前，刚从瑞典留学归国的我，通过同学介绍，结识了群英顾问的创始人刘会先生。他给我的印象是睿智、积极进取、不断追求创新、勇于挑战自我，他向我介绍了国内医药营销领域的情况和机会，并帮我指明了一条全新的人生规划，使我对医药营销产生的浓厚兴趣并决定加入群英顾问公司。

在群英顾问工作期间，很有幸地结识了我国最早一批接受跨国公司训练的医药营销大腕如辛冬生、任积页，汪涛、关平、张志扬、李卫民、孙永杰、刘洋等，在与他们一起工作的过程中获取了很多医药营销的理论知识和实战经验。同时，见证了国内医药代表职业的发展历程。

2004年，我和同校晚期毕业的吴鹏先生共同创建了北京药励学舍咨询有限公司，意在鼓励和帮助医药经理人不断学习和追求职业的发展，在自己的业务领域里获得更大的成就，从此开始了自己的创业之路。在创业的初期，我在某种程度上仍受到刘会先生理念的影响，被他始终保持的一种创业精神和力量而感染，学会了不断去创新和超越自我，大量阅读了国外同行的营销思维和理论，也感受到国内医药同僚在营销的方法论上还有很多需要借鉴国外的地方。对于医药代表来说，正向的科学营销管理方法对于他们日常工作的指导稍显不足，倒是国外的医药营销理论体系感染和触动了我。

在这样的情况下，我和吴鹏萌生了一个想法，就是用自己的亲身经历、体验以及学习体会去撰写一本属于医药代表营销思维的实操手册。借此向广大读者介绍专业医药代表的职业形象，还想向广大医药代表提出更高的职业素养目标，希望他们在日常的医生拜访中，用更为专业的思维理念，去学会像医生那样思考，真诚地与医生建立一种稳固的合作伙伴关系，客观地运用循证医学理念与医生进行真正临床意义的学术交流，来赢得医生和专家的信任和期待，而不是采取另样的手段获得医生对所推广的产品产生兴趣和接受使用。

今天很高兴地看到了《像医生一样思考》一书即将出版，在这里要感谢刘会先生带我进入医药营销领域，给了我积极进取、不断创新的思维理念，感谢我的合伙人吴鹏先生将自己在诺华近10年的营销经历和思路奉献出来，还要感谢《中国医药报》资深记者张旭先生对本书部分文案的修饰。希望本书的出版能给我们医药行业的同僚带来一个借鉴的新思路。

康震

2012年12月于北京

前言
FOREWORD

医药代表的价值

当前在中国，医药代表与医生之间的关系是多样化的：有一些医生视医药代表为专业上的合作伙伴；有一些医生却希望通过帮助完成药品销售与医药代表达成一些利益交换；还有一些医生甚至完全拒绝医药代表。其实，医生对医药代表的态度，在很大程度上是由医药代表自身的素质和专业技能水平决定的。

北京宣武医院魏翠柏医生的体会是："作为一个医生，我们每天都要接触医药代表。但是，我们所接触医药代表的背景却是千差万别，有学金融的、学管理的，当然也有医学或药学背景的，不同背景的医药代表所传递给我们的信息也是千差万别的。有一次，两个企业的医药代表都要向我介绍他们的产品，我就让他们各自用两分钟的时间介绍他们的药品。其中有一个医药代表就从这款药品最大的优点、适应证、安全性以及如何使用等方面侃侃而谈，一下子就抓住了我的耳朵。这个医药代表就是医学专业出身，那我肯定就会对这个医药代表所传递的信息比较信任。而另一个缺乏专业知识的医药代表却怎么也谈不到点上。"其实，医学原本就是一个需要不断学习的学科，医生也是一个需要不断学习的职业。而医药代表就恰好扮演了这样一个传递药品专业信息，帮助医生不断更新用药知识的角色。所以我们是需要医药代表这个群体的，但前提是医药代表必须具备一定的专业知识。

除了向医生传递最新的药品知识，医药代表还肩负着收集药品不良反应信息的工作。医药企业在对药品进行不良反应监测中，医药代表扮演着不可或缺的角色，这是因为医药代表在掌握药品不良反应信息方面有着得天独厚的作用。首先，医药代表直接接触临床医生，可以第一时间获得信息；其次，药品不良反应的信息也是医药代表和医生进行学术交流的重要内容和工作内容。所以，医药代表是制药企业接触临床、接触医生的一个通道，医药代表不仅应介绍正确的药品信息、指导合理用药，还要及时向生产企业提供药品的不良反应，以及临床治疗上未被满足的需求。

在国外，医药代表是一个非常成熟的，同时也是一个非常体面的职业。因为正是这个群体在辅助医生了解药品的安全性、有效性，帮助临床更合理地用药，并搜集药品的不良反应。而在我们国家，医药代表还未列入国家职业分类大典，所以严格意义上还算不上一个真正的职业。

有专家指出，今后几年内国家将在医药卫生领域不断加大投入，新的卫生体制改革正在进行，医疗卫生费用还将长期保持两位数的增长。在这样的市场环境下，医药企业与行业内的其他利益相关者应该建立起更加紧密的伙伴关系，将为广大患者提供优质合理的医疗服务作为共同的"大利益"，医药服务供应链条上的各个单位应该摒弃各自的"小利益",药品研发生产、药品流通、药品使用、药品价格监管和医疗保险等利益相关部门应该为共同的"大利益"而一起努力。

而医药代表在这样的背景下,如果想成为一个被行业普遍认可并正式列入国家职业分类大典的职业,就必须摒弃简单的药品推销人员角色,而是要凭借自己具有的扎实专业知识基础和最新的药品知识,为医生成功治疗疾病提供药品使用方面的专业意见,同时收集临床药品使用的各种信息反馈给制药企业。医药代表一定要成为医疗团队的一个有机组成部分,他们和医生的目标应该是一致的,就是要为患者提供优质、价格合理的医疗服务。只有这样,医药代表与医生之间的关系才是符合法律规范和道德标准的。

医生需要专业化医药代表

医生是一个比较特殊的行业,不仅因为其工作内容都是些"人命关天"的大事,同时其日常必须面对的各种工作还具有相当大的不确定性:治疗方案的选择、医患关系的处理、高昂医药费用与医疗保险支付能力之间的平衡,所有这些一旦选择不慎,就会让医生受到来自社会各方面的严厉指责,再加上大量的临床研究工作,使得很多医生总感到身心疲惫。

如何才能改变这样的现状呢,如何才能选择出最有效的治疗方案,如何才能及时预见和防止医患冲突,如何才能最大限度避免药物不良反应的发生,如何才能选择到最符合药物经济学特点的治疗手段?所有这些都使医生迫切需要一个合作伙伴和专业信息支持者,担当这个角色的就是专业化的医药代表。

前不久由中国医师协会发起的一次"临床医师对医药代表专业化程度及专业培训认知度"调研报告显示,外资和内资企业的医药代表总体表现好评度分别为64.5%和42.5%。外资企业医药代表在"了解产品特性和信息"、"掌握基础的医药知识和行业动态"、"良好的个人素质"方面表现出了比较大的优势,这说明专业化的医药代表是比较受欢迎的。

相对来讲,医院院长和三级医院的医师们对外资企业的医药代表在"客观科学传递信息"和"规范化的推广行为"方面满意程度仅为52%。特别是在"注意收集药物使用情况及不良事件信息"方面,满意度(48%)和其他方面相比是比较低的,这反映了从医院院长到科室主任等医务工作人员对医药代表在这方面的期许。

中国医师协会副会长蔡忠军认为,医和药是医疗卫生工作的两大核心。医生是战士,药品是武器,要让战士学会使用武器离不开一个角色,就是医药代表。医药代表是对武器加以解释、说明、宣传、推广,甚至教给使用武器的人如何正确使用武器。现在,在很多医院急诊室、门诊部、住院部门口都写着医药代表免进,或者是非请勿入的字样,把医药代表看成是一种在医院里不受欢迎,甚至进了医院会对医院造成某种危害的角色,这都说明医院对医药代表的价值还没有充分的认识。医药代表作为药品信息的传递和收集者,作为医和药的纽带，其价值是应该肯定的。医生对高素质的医药代表的需求也是迫切的。但是一定要加强行风建设，规范医药代表的行为。同时，要建立健全医药代表与医师之间的正常渠道和沟通机制，以及监督机制，并把这个监督机制纳入法制化的轨道。进一步加强对医药代表的教育、管理和政策导向、法律知识的宣传，帮助树立医药代表崭新的职业形象，构建医、药更加和谐的关系。

医药代表在药品不良反应监测中的作用

一次在"临床医师对医药代表专业化程度及专业培训认知度"调研结果研讨会上，上海市药品不良反应监测中心杜文民主任指出，我国《国家药品管理法》里明确规定，我国实行药品不良反应报告制度，因此对药品生产企业来说，实行药品不良反应报告是法定的要求。其实，药品生产企业对药品不良反应进行监测，自己也是获益者。这是因为，第一，企业可以掌握药品安全性信息，为生产经营决策提供依据。通过ADR监测，生产企业可以随时掌握有关药品安全性的信息，从而预测产品的生命周期和市场定位，减少决策失误。第二，可以化弊为利，为新药开发提供思路。有的时候，某种药品的不良反应可能成为新的治疗作用，为企业开发产品提供思路。第三，及时发现药品质量问题，提高产品质量。很多时候ADR的产生除了药品本身因素外，也与药品的生产流程、辅料运用、包装工艺以及储存运输等环节密切相关，因此可以通过ADR监测完善药品质量控制。第四，患者至上，树立企业诚信形象。正确处理ADR，有可能帮助企业赢得患者的信任，提升企业的品牌。第五，澄清事实，维护企业正当权益。当企业无端受到安全性质疑的时候，完善的ADR检测可以帮助企业维护自身的正当利益。

而在医药企业对药品进行不良反应监测中，医药代表扮演着不可或缺的角色。这是因为医药代表在掌握药品不良反应信息方面有着得天独厚的作用。首先，医药代表直接接触临床医生，可以第一时间获得信息，他们是药品生产企业获得ADR信息的最重要来源；其次，药品的不良反应信息也应该是医药代表和医生日常进行学术交流的重要内容。医药代表应该将患者的利益放在首位，医生的立场也是同样的。而ADR是关系到患者利益的重要信息，因此应该成为医生与医药代表日常沟通的重要内容。当药品发生不良反应时，医生一定会第一时间找药品的生产企业进行沟通，这时候医药代表的作用就非常重要了。

有的医药代表在向医生介绍自己的产品时，因为怕影响医生处方，而故意隐瞒或淡化自己产品可能发生的不良反应，这是非常错误的做法。因为医药代表如果这么做，一旦发生严重的不良反应，医生由于缺乏足够的准备可能处置不当，给患者造成巨大的伤害。这样医生和患者就永远不会相信其产品了。

医药代表一定要让医生对其公司产品可能发生的不良反应和可能带来的潜在医疗风险有一个正确的认识，并且要让医生掌握一些控制可能发生药品不良反应的方法，这样才有助于医生面对合适的患者时正确处方其产品，也有助于医生和患者有信心使用其产品。

目录
CONTENTS

1 赢者思维

- 002　医生与医药代表之间应该是怎样的关系？
- 008　医药代表的生存之道：将患者利益置于首位
- 009　如何在恶劣环境下保持积极向上的态度和行为？
- 011　如何应对客户的批评和消极反馈？
- 013　医药代表职业的自我经营

医者思维 2

- 像医生一样思考　026
- 四种特质类型的医生　027
- 医生是如何处方药品的？　030
- 短暂拜访的要点　033
- 医生也需要提升营销能力　035
- 为医药代表解惑　037

3 医药专业知识

- 044　用临床药理学知识支持销售
- 047　学会读懂一般的检验报告
- 052　不同的给药途径对处方的影响
- 054　了解药物的相互作用
- 056　如何阅读医学文献

沟通工具

如何提升推广的效果	060
以证据为基础的药品销售	062
用好临床研究数据促进药品销售	063
临床研究报告在销售推广中的价值	065
DA是如何起作用的？	068
销售人员与市场人员对DA的不同看法	073

入门技巧

078	克服新医药代表综合征	
082	重视客户拜访	
083	药品销售要知己知彼	
086	找到医院销售的增长点	
091	与医生沟通时要注意的5句话	

销售循环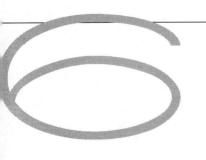

成功客户拜访的6个关键点	096
做好访前计划	098
其他的拜访前准备工作	101
探询医生不处方的真正原因	104
缔结的技巧	106
重要的拜访后分析	109

7 绩效保障

114	四种处方决策风格
117	锁定目标客户
121	客户拜访的数量和质量
126	确保信息传递的有效性
130	完美探询的技巧
132	实施高效缔结
134	如何与医生沟通？
137	拜访医生时要做什么，不要做什么
139	"别只是盯着医生"

职业操守 8

怎样打消医生的异议？	144
说服医生的5种证据	147
与医生交流临床研究时应避免的4种错误	150
如何利用临床研究来改变医生的处方习惯？	154
如何找出临床研究中对医生最有意义的部分？	158
将临床研究转化为"销售"临床研究	160
让医生"反感"的问题	164
用医生的语言和医生对话	167

9 专业精神

172	了解医生的行为与心理
178	如何赢得医生的信任？
181	说服客户的6个原则
186	针对医生动机的个性化销售方案
187	针对医生个性的销售方案
191	针对医生行为风格的销售方案
192	赢得医生忠诚度的3个阶段

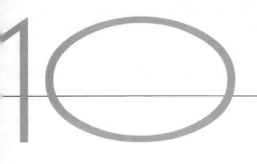

锦上添花

与目标医生的同事建立良好的关系	198
与药师建立起工作伙伴关系	199
让药师影响医生	201
让护士成为你的参谋	202

 # 进阶技巧

208	突破销售瓶颈的步骤
210	如何与医生建立起有意义的对话关系
212	学会用问题建立与医生的互动关系
214	学会用聆听建立与医生的伙伴关系
217	建立起向医生提问的勇气
220	与医生沟通的LESS原则
221	让医生尽快尝试你的药品
223	如何在"1分钟拜访"中获得更多？
226	让医生记住你

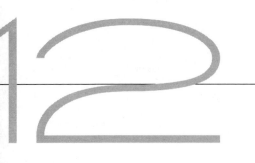

绩效先锋

向专科医生销售	232
医生拜访中展示销售工具的技巧	236
关键信息：患者"画像"	238

赢者思维

医生与医药代表之间应该是怎样的关系? 002
医药代表的生存之道:将患者利益置于首位 008
如何在恶劣环境下保持积极向上的态度和行为? 009
如何应对客户的批评和消极反馈? 011
医药代表职业的自我经营 013

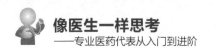

像医生一样思考
——专业医药代表从入门到进阶

医生与医药代表之间应该是怎样的关系?

当前,医药代表与医生之间的关系已经多样化了:有些医生完全拒绝医药代表,不愿与医药代表见面;有些医生勉强容忍医药代表的出现;还有一些医生视医药代表为专业上的合作伙伴。但总体来看,医药代表和医生之间的关系是日趋紧张的,医生越来越不愿做医药企业的"药品俘虏"了。受公众舆论和政府监管力度加强的影响,医药企业、制药行业必须重新审视和创建与医生之间的,符合道德标准和法律规范的新医药关系。

今后几年内,国家将在医药卫生领域不断加大投入,新的卫生体制改革正在进行,医疗卫生费用还将长期保持两位数的增长率。这就要求医药企业与行业内的其他相关者须建立更加紧密的伙伴关系,共同为广大患者提供优质的医疗服务。这还要求医药服务单位之间摒弃各自的"小利益",药品研发生产、药品流通、药品使用、药品价格监管和医疗保险等相关部门应该为广大患者共同的"大利益"而走到一起来。

在这种大的背景之下,医药代表与医生之间应该建立怎样的关系呢?医药代表对医生的拜访应该做怎样的变化呢?全国数以万计的医药代表应该如何定位他们的角色呢?

医药代表的角色是什么?

让我们开始为医药代表创建一个新的角色:**医药代表不应该是一个销售人员**。医药代表在他们所负责的区域里,应该通过为建立良好的医患关系提供支持而体现他们的业绩。从广义上来讲,医药代表应该是医疗团队的一个有机组成部分。他们和医生的共同目标是一致的:为提高患者的生活质量提供质优、价廉的医疗服务。这样,医药代表与医生之间的关系才是符合法律规范和道德标准的。

作为医疗团队的一个有机组成部分,医药代表应该掌握基本的医药学专业知识,而不仅仅了解所谓的"产品知识"。医药代表必须能够为医生成功治疗疾病提供药品使用方面的专业意见。

医药代表应该是医生的专业伙伴

医生所面临的工作具有相当大的不确定性:治疗方案的选择、医患关系的处理、高昂医疗费用与医保限制之间的平衡,再加上大量的临床研究工作。很多医生认为,他们正处于"食物链"的末端!上帝给他们创造了一个"没有相同病人"的世界!

尽管如此,许多医生开始意识到他们的处境是可以改变的。这些改变来自于他们对医患关系的处理、对治疗效果的管理和自身领导力的发挥。这些"权威"医生的临床实践证明了他们具有可以改变自身处境的潜力,他们能够预见和防止"利益冲突",将注意力转移到提供"价格-疗效"相匹配的医疗服务上来,使他们的临床工作更富效率。

要开展更富效率和有领导力的临床工作,医生需要合作伙伴和专业信息的支持。由此,新型医药代表的工作要点主要应该包括以下内容。

- 了解区域市场。从国家层面和地区层面了解大的医疗政策环境,明确在开发区域市场时必须要建立工作关系的机构与关键客户,掌握区域市场的生意机会和发展策略。
- 了解潜在客户。核心客户的信息主要来源于医药代表日常的客户拜访工作。其他还有官方文件、医疗机构网站、当地的报纸媒体等。医生、医院职员以及卫生官员有时也能为医药代表提供信息。
- 分析潜在客户。要了解当地的疾病谱、医保状况以及患者的就医习惯。当地医保的执行情况对医药代表来说是非常重要的,医保执行中的细节问题会对医生的处方产生巨大的影响。医药

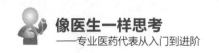

代表的推广和客户计划必须匹配上述情况，并且随着环境的变化随时调整。

创建新型医药关系的范例

下面将介绍各种创建新型医药关系的范例。每一个范例中都有一些关键点。比如，每一项范例中都要遵循以下一个或几个原则。

- 能够为医生创造可以提供更好医疗服务的机会。
- 能够让医生有机会学习到新的专业知识。
- 有助于改善医药代表与医生之间的关系。
- 有助于医生的同事，如药师、护士及医院管理者参与并支持医生的实践。
- 对患者的治疗和患者的依从性有益。
- 对医药代表的可量化的业绩提升有益。
- 为医药代表的职业发展奠定基础。
- 医药双方都有兴趣执行。

下面是一些可借鉴的范例。

1. 医疗指南的创建

对于中国这样医疗资源分布非常不均匀，不同地区医疗水平参差不齐的国家来说，针对某种疾病制订治疗指南是非常有意义的。多数时候，医疗指南的推出需要有相应的医生组织来完成。创建一个医生组织，收集国际资料以及本国临床的各种意见，逐步形成共识的治疗观点和原则，并最终形成治疗指南，这一过程医生非常需要合作伙伴的专业帮助。医药代表可以通过提供药学方面的专业意见以及帮助召集、组织、协调来支持医疗指南的建立。

2. 医疗指南的推广

由于医疗资源分布非常不均匀导致的医疗环境不同，医疗指南一般很难能够迅速让所有的医生群体了解和接受。指南的制订者是希望通过介绍和推广指南来改变这种情况的。而与医生有着最广泛和深入接触的医药代表可以在医疗指南的推广中起到非常重要的作用,通过医药代表的努力,针对某种疾病的医疗指南可以在最短的时间内在最大的范围传播开来。

3. 提升诊断与治疗水平

随着诊断技术的发展和新药物的使用,有时会要求引进新的临床诊断和治疗方法。医药代表帮助医生了解新的临床诊断和治疗方法,可以切实地提高医生及其同事向特定患者提供更好的临床服务。

4. 帮助培养合作或辅助团队

越来越多的医生发现,除了一线医生自身的努力外,合作或辅助团队(药师、护士及医院管理者等)在有效地帮助他们提高临床工作上正在发挥越来越重要的作用。帮助提升辅助团队的工作质量和职业水准,正成为一线医生的一种迫切的需求。在这方面医药代表也可以有所作为。医药代表可以向他们提供如:领导力、团队建设、沟通、质量管理、前台接待和医患关系等培训,帮助一线临床医生提高诊疗水平。

5. 推进全科医生与专科医生的交流

目前,中国大力推广社区医疗的环境,使得中国的医生正在逐步划分为全科医生和专科医生。许多药物全科医生可以处方,专科医生也可以处方。作为与全科和专科医生都有广泛接触的医药代表来说,针对同一个治疗领域将这两部分医生集合起来开展交流活动,一方面有助于他们相互分享各自在同一领域的治疗经验,另一方面还有助于在不同医生之间建立统一的治疗标准。更重要的是,当患者向专科医生咨询全科医生的治疗方案时,能够大大提高患者对全科医生的信任,同时也能提高患者对于治疗的信心和依从性。对于患者来说,也能享受到真正质优价廉的医疗服务。

6. 帮助进行疾病跟踪

在一些特殊疾病治疗过程中,需要引进疾病跟踪的工作,来检验治疗手段对患者的疗效和依从性的影响。这种情况会越来越多,

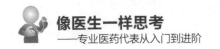

因为只有进行疾病跟踪的工作，才能更好地提高患者治疗效果和生活质量。而且只有参照疾病跟踪的结果，医生才能在疾病治疗中获得更多的信息，进而可以采取进一步的措施。但繁忙的临床工作往往令医生抽不出时间来进行疾病跟踪的工作。因此当某个患者使用了某个药品时，相应的医药代表就可以帮助医生来做这方面的工作，并且将相关的信息及时反馈给主管的医生。

7. 提供药物经济学参考

现在医生在处方药品时，除了安全、有效、方便外，经济也日益成为重要的考量指标。针对不同的患者情况，越来越多的医生在确定治疗方案时，一定会考虑药品价格的因素。药价增长得越高，整个治疗费用的增长也就越高，医生在决定时就会越困难。如果医药代表能够给医生提供有用的药物经济学信息，帮助医生全面综合的判断药品价格和其价值之间的关系，可能会帮助医生更好地选择出最恰当的治疗方案。

8. 帮助提升医学演讲技能

随着交流合作的扩展，越来越多的医生有机会参加更多的国际和国内学术交流活动，同时也会有更多的可能要在会上进行专题演讲。而医学院校和医院对医生的培养计划中针对医学演讲PPT的书写以及一些专业演讲技巧的培训是比较不足的。医药代表在自己公司的支持下，专门帮助提高医生的学术交流水平和医学演讲技能，也将会大受欢迎。

新型医药关系的创建计划与策略

创建新型医药关系是非常有必要的，以下是创建新型医药关系的创建计划与策略的纲要。

1. 计划中的关键人物

新型医药关系创建计划的关键人物包括：集团总裁和高管人员、

医学总监、执行层面的管理者和地区层面的管理者。

2. 执行要点

包括计划的内容和规模、集团历史（对计划有利的因素）、负责人、目标客户现状及改善目标、竞争对手、市场策略、行动计划与行动指南。

3. 威胁与机会

执行这样一个计划，肯定会碰到潜在的威胁和未知的机会。但只要明确了计划的目标与客户的需求相匹配的结合点，就能获得成功。

4. 预期的结果

医药代表能够在计划中获得哪些提高。公司的计划是否能够满足目标客户的不同需求，并且能帮助代表改善他们的客户关系。

5. 行动计划

要考虑好执行中的所有细节并落到实处。

6. 跟进评估

这是不能遗漏的一步，事后总结有利于将工作做得更好。

医药代表要了解医生

当前医药环境的改变，使得医生和医药代表将面临越来越大的压力。如何应对这样的变化和压力，是医生和医药代表共同面临的挑战。医药代表需要深刻理解医生所处的工作环境，发现和挖掘医生与医药代表的共同目标——为提高患者的生活质量提供质优价廉的医疗服务。

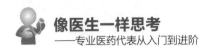
像医生一样思考
——专业医药代表从入门到进阶

医药代表的生存之道：将患者利益置于首位

在医药代表的价值标准里，必须要将患者的利益放在首位。只有这样，医药代表才可能成为医生的好帮手，而不仅仅是一个拎着"资料包"，向医生要求处方的医药代表。以下的一些建议可能有助于医药代表更好的关注到患者利益。

- 了解药师的重要性。一个医药代表，让医生发现合适的患者并处方公司的产品，只能算成功了一半。只有患者使用其产品后病情得到了改善，才是真正体现了医药代表工作的意义。而帮助医生正确处方药品，就需要药师发挥其临床药学方面的专长，通过医药结合来谋求更合理的用药规律。当医生和患者意识到药师的用药指导也是促进患者康复的一个重要因素后，患者安全、合理用药的可能性就会增大。通过药师教育医生、护士和患者合理用药，是制药企业的医药代表可以大有作为的领域。

- 帮助医生识别患者。作为医药代表，不能仅仅向医生展示公司产品的特性、功效和利益，然后劝说医生开始使用公司的产品。他们还应该向医生说明有关产品适应证的信息以及可适用的患者类型。向医生描绘出合适患者的"图像"，帮助医生能够迅速判断出"合适的患者"，提高医生诊治的水平，这也应该是医药代表的一个重要工作。

- 关注对患者生活质量的改善。医药代表与医生都应该关心的问题是，药品能否减少并发症、降低整体的治疗费用、减少患者看医生的次数，最终改善患者的生活质量。医药代表的首要任务就是要关注产品对患者生活质量的改善，而**通过产品对患者生活质量的改善来向医生介绍自己的产品，往往也是最有说服力的。**

- 关注药物经济学。大多数药品是可以降低患者的住院费用的。在美国据权威机构调查，每增加使用1美元的药品就可以降低3

赢者思维

美元的住院费用；而且美国的医疗保险机构的统计结果表明：患者住院期间每花1美元，只有0.1美元是药品费用，相比之下医院护理费用要高达0.32美元。医药代表要学会为医生和患者算药物经济学的账。

● 不要害怕提及不良反应。一定要让医生对产品的不良反应和可能带来的潜在医疗风险有一个正确的认识，并且要让医生掌握一些控制药品不良反应的方法，这样有助于医生面对合适的患者时正确处方公司的产品，也有助于医生和患者有信心使用公司的产品。

● 采取符合伦理道德的行动。在当前的舆论环境下，重塑医药代表在医生和患者心中的形象是非常的重要。不要忘记，医药代表的工作不仅仅是在推广公司产品，同时还是在推广代表所在的公司，甚至是推广整个医药行业。在医生和患者面前，展现专业精神和职业操守对医药代表是非常重要的。越来越多的例子表明，医药行业在社会舆论中的整体形象会影响到每一个从业人员的职业生涯。因此每一个医药从业人员都有责任捍卫这个行业的尊严，这其中医药代表的责任尤其重大。

由于患者是最终的客户，所以医药代表在推广产品时不能忽视患者的利益。多花一些时间关注患者的最终利益，有利于患者改善他们的健康状况，也有利于改善医药行业的公众形象，更能帮助医药代表获得成功。

如何在恶劣环境下保持积极向上的态度和行为？

随着媒体对医药行业负面报道的增加，医药代表面临着前所未有的压力："带金销售"不可能再进行下去了，拜访医生越来越困难，医药营销的方法和手段似乎在枯竭。在如此恶劣的环境下，如

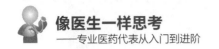

何保持医药代表积极向上的态度和行为呢?

下面提到的一些办法可以帮助医药代表缓解疑惑和悲观的情绪,保持好积极向上的心态。

- 改善销售技巧。要做到持续改善你的销售技巧,为你的客户带来增值的服务,就必须保持自信和乐观的工作态度。有些成功的医药代表,会经常在出门工作之前,站在镜子面前反复练习向医生描述产品核心价值的技巧;他们会在任何可能的场合,针对产品的特性、功能和利益与同事进行讨论和情景演练。

- 在团队面前始终保持积极的态度。总体而言,你和你的团队应该避免在团队成员之间进行消极的谈话和散布小道消息。当报纸上刊登了有关医药行业的负面报道时,重视它但不要散布它。事实上,你应该积极地与你的客户沟通这些报道后面的真相。

- 善用网络工具。在当前互联网十分发达的时代,Email是一个非常有用的沟通工具、公司员工之间应该避免相互传播不良的Email,公司更应该规定不应该在工作期间浏览不良网站。如果不这样规定,你就很难形成一个"赢"的团队。团队成员之间是非常容易相互影响的。在团队成员之间传播一种积极向上的文化,对你的公司和你个人的职业生涯都是非常重要的。

- 养成积极的工作习惯。每过一个阶段,你必须花一些时间来整理一下自己的思路。花一些时间想一想你的销售行为中:哪些是促进销售增长的,哪些是改善客户关系的,哪些是增进团队士气的。

- 勇于承担责任。在讨论药品的销售问题时,如果有人站出来,愿意为过去的失误承担责任,那将为以后的销售工作创造了一个很好的开端。在当今的医药环境下,团队中紧张的气氛很容易形成。如果相互抱怨而没有人为此承担责任,这种相互"仇视"的氛围会以几何级数增长。当一个团队在恶劣环境下保持目标明确、团结一致的话,同事们会很快接受你的销售观点和计划;客户也会很快接受你的产品。

- 养成运动健身习惯。要养成一个好习惯,每天挤出15分钟的时间，做一下健身操，练一练瑜伽，进行一下有氧运动，或者散散步，甚至进行一下冥想和反思。这些习惯能够帮助获得更好的休息，思虑更敏锐、行动更迅速。做运动也能够更好地让你保持积极的心态。

- 养成阅读励志书籍或听音乐的习惯。有计划地阅读一些励志期刊、杂志和书籍，听一些能够激发人热情的音乐。这些都能帮助你尽快地走出悲观失望的境地。
- 善于在工作中寻找乐趣。想一些有意思的方法让你的工作更具生产力。例如：和你的同伴打个赌，或来一次竞赛，比一比在一周之内，能拜访到几位专家或药剂科主任，能不能突破一下行业的极限。获胜者可以得到额外的奖励。

保持积极乐观的心态，身心愉快地投入到日常的工作中去，对于医药代表来讲的确是一件困难的事情。但<u>如果想赢，就必须学会在恶劣环境下保持积极向上的态度和行为。</u>

如何应对客户的批评和消极反馈？

在产品推广过程中，医药代表通常会遇到来自医生的对其产品或工作方法的批评。有些医药代表对这些批评充耳不闻，依旧自顾自地推销；另一些医药代表则因为怕听到批评就不敢去见医生了。这些方法都是不恰当的。那么，医药代表应该如何面对客户的批评呢？

- 首先要消除对抗情绪。当客户对你、你的公司或你的产品有了一些负面意见时，首先要认为这些批评是对你的信任和期待。因此应该鼓励客户将话说完，并且要鼓励客户说出更多的细节，同时通过探询的技巧，争取和客户一起寻找问题的解决方案。消除客户的对抗情绪是解决问题的开始。
- 要学习使用80%原则。在你的工作和生活中，会遇到各种各

样的批评和指责。在所有这些批评和指责中，要忽略那些无中生有的10%，以及把你批得一无是处的10%，重点听取中间的80%的人的意见。

- 要了解批评和指责你的人。要了解给你批评的客户的专业背景和工作经验，要知道医生的水平也是参差不齐的。医药代表可能会每天都面对各种好的评价和不好的评价，关键在于这些评价是否是客观的。

- 辨别批评背后的个人意图。每一个给你的批评都会包含着批评者个人的意见，每个批评者都会有他们个人对你的预期。人和人之间的个性和他们的表达方式又是如此的不同。因此，你一定要辨别出这些批评背后的个人意图是什么。如果是为了追求更好的治疗效果，应该积极配合；但如果是为了谋求自己的私利，应该给予拒绝。

- 要在批评中寻求反馈。医药代表的工作性质，决定了你必须定期地从你的上司那里获得他们对你工作业绩的评价和反馈。当领导批评自己时，要学会寻求，"这件事有没有更好的解决方法？"，"你还需要我做些什么事情？"，"我应该做到什么程度？"……除了向你的上司寻求反馈，还要向你的客户寻求反馈，要让你的客户认为你是一个非常谦逊和开放的人，愿意接受他们批评的人。因为客户可能不仅仅是批评你一个人，他们同时也会批评你的竞争对手。通过批评，客户会得到更多的服务，千万不要在这些方面落后于你的竞争对手。

- 要随时过滤出有用的信息。要真诚地接受和感谢负面的反馈，这有助于你了解真相、排除误解和建立信任。只有这样，你才能真正过滤出有用的信息。

- 学会调整自我。面对负面的意见和反馈，人们常常是准备不足的。在不同的时间段、不同的地点上和不同的方式下，人们面对同样的反馈会有不同的反应。最本能的反应是辩解。但医药代表的职业要求必须克服这种本能上的反应。因为简单的辩解是于事无补的。面对批评要回去做足"功课"，才可能最终解决问题。

总之，人们挑错的能力和批评的能力，往往比发现优点和鼓励别人的能力强。面对"批评的世界"，一个合格的医药代表，既不应该妄自菲薄，也不应该强词夺理，而是要本着最终解决问题的态度，耐心的对待。

医药代表职业的自我经营

能成为医药代表的人一般都接受过相关专业的高等教育。但是很多医药代表并没有发挥出他们的全部潜力。要发挥出自己的全部潜力，需要改变一些思维和行为习惯。

医药代表不会总是能够成功的，你必须不断地积累能够成功的要素：要量化你的工作、花大量的时间与人们搞好关系、学会帮助别人、对团队做出贡献，并且要让所有其他人了解你的才能。要通过持续不断地提供优质服务来体现自己的工作价值，要通过尊重别人和贡献智慧来赢得别人的尊重。

你和你的公司都需要一个营销计划——无论你的产品有多么出色，如果医生和公众不了解它，产品是很难销售出去的。对于医药代表也是一样，其实从某种意义上说，医药代表自己也是需要自我营销的，需要通过营销让客户医生接受自己。

1. 工作态度与生活方式的建立

你将会以什么样的面貌来面对其他人呢？你会给他人留下怎样的第一印象？每天和你共同工作的同事和上司会怎样评价你呢？你会在乎别人怎么看待你吗？

首先要从医药代表的外表开始：你看起来是个怎样的人，你的办事风格是怎样的，你的沟通风格是怎样的。这些方面都是很容易控制和改善的。但是，要培养和树立医药代表的职业素养和专业形象就不那么容易了，你必须在这方面付出更多的努力。

没有好的工作态度和生活方式，你就没有赢的机会。不好的工作态度和生活方式会关闭你成功的大门。从表面上讲，你的工作态度和生活方式体现在两个方面：视觉形象和听觉形象。然后就是你的行为方式，有时候人的行为方式不太容易立即被人察觉出来。

① 视觉形象。比较一下不同公司的产品宣传资料和产品包装，你就能判断出一家公司的实力和专业程度。对于一个人来说也是一样。难道你就不要好好整理一下自己的"包装"吗？

你的整体形象和肢体语言会给见到你的人以深刻的印象。人们会从你的外表和举止上判断出你这个人是否可信，只有人们相信了你，你才有可能展示你给他们带来的价值，你的个人魅力和专业技能才有可能发挥作用。

问问你的同事和上司，一个可信的朋友或者工作伙伴应该是怎样的表现。看看你是否是他们所说的那种人，只有你意识到了应该在哪些方面改进，付诸行动，你才会有所改变。因为在市场营销活动中，一些小的细节就会阻止人们接受你的推广。幸运的是，只要你意识到了，这些细节是很容易发现和改变的。比如：你的衣着、化妆、小饰品、与人交流时的眼神和动作是否符合一个专业人员的表现……

在你的公司里一定会有这样的榜样，他（她）们看起来总是那么专业或职业。仔细观察他们的表现，特别是一些细节，你也会做到的。总之，不要在视觉上给人留下不专业的印象。每天出门前，在镜子面前检查一番，医生通常不会接受那些看起来不雅观的或者很另类的人。

你应该怎么做？你想别人怎么看待你？是一个富有创造力的人？一个严肃的人？一个新潮的人？还是一个稳重保守的人？

要很好地表现自己，但也要表现得适合你的工作环境和你的工作角色。如果你真的不知如何选择的话，一套职业装就是"最安全"的选择。

通常，穿着上略微保守一些会比较好。但也有例外的时候，要看你所处的位置、场合、文化背景以及公司的要求。保守并不意味着乏味，有时你可以在服装的小饰品上体现你的活泼和新意。

你可以仔细观察一下你公司里比你年长或职位高的同事，他们也许是你选择着装的模特。要让人高看你，你就要穿得"高"一点。一个人的穿着要比他自己想象重要得多。不好的衣着选择会带来不好的评价，不合时宜的衣着甚至会影响医药代表的业绩和职业生涯。

如果你的衣服脏了、破了、皱了或者有异味，或者你的衣服太肥或太瘦，都是不合适的。一定要穿着适合你身材的衣服，如果你的体型变了，一定要及时修改你衣服的尺寸或者购买新的衣服。

另一个着装原则就是，一定要买质量好的服装，哪怕少买一些，但一定要保证质量，可以穿着长久。就像你的职业一样，越长久就越有价值。

还不能忽视细节。你的鞋子要合脚，并且一定要经常擦。一位大型医药企业的销售经理说，他面试医药代表时，第一眼一定是注意来人的鞋子。如果鞋带都没系好，或者鞋面非常肮脏，他一般不会选择这样的人。

所有的有经验的经理人都会注意这些细节的。因为穿什么样的鞋子或带什么样的手表等细节问题，会给目标客户留下深刻的印象。不符合公司要求和定位的穿着会损害产品在客户心中的形象的。

另一个重要的视觉形象是你的肢体语言。肢体语言、目光接触和行为举止显示了你的职业素养和专业水平。因为医药代表最重要的两项工作就是面对面与人沟通和当众进行医学演讲。你的沟通对象会通过你的外部表现发现你内在价值的体现。有信心的踱步、保持好的目光接触、适时的微笑会打开听众的心扉，用正确的手势表达你的反馈，会让人觉得你是一个可亲可信的人。

② 听觉形象。除了视觉形象之外，还有一个重要方面，就是你的听觉形象。你说话的方式方法也是你职业素养和专业水平的体现。有时在见一个重要客户之前，你往往需要进行电话预约，你的声音

和谈话方式就是客户对你的第一印象。好的声音和谈话方式会展开客户的想象，他会期待与你的会面。特别是医生和药师，出于职业习惯，他们会根据声音来评价一个人，有时他们并不在乎你说了些什么，他们更在乎你是怎么说的：谈话是否有热情、用词是否恰当、是否有语调的变化……

很多时候说话的方式比你说话的内容更重要。因为人的第一印象来自于你怎么说，而不是说什么。

在与医生和药师交谈时，要避免使用犹豫不决的用词，这些词包括：我猜、我想、也许、可能、如果……这会让你的客户认为你自己都不相信你说的话。

还要注意的是，使用武断的、不规范的、缩写的、自负的用词会损害你的职业形象。因此塑造良好的听觉形象是非常重要的。

③ 保持礼貌。与医生沟通，一定要注意保持必要的礼节。虽然人们对礼节的理解可能不同，但至少要做到：

- 说"请"、"谢谢"、"你好"和"再见"。
- 在听的时候保持微笑，让客户觉得你有兴趣听。
- 替别人开门，女士优先。
- 与人交谈时看着交流对象。
- 介绍自己和同事。
- 尊重别人的时间。
- 帮助别人，对别人给予的帮助表示感谢。
- 给客户写感谢信。
- 信守承诺。

2. 建立工作中的人脉

每个人的周围都需要这样的人，他们认同你的工作能力、了解你的工作价值，欣赏你的为人。这样的人会在工作中成为你的伙伴，他们会在公司里和销售团队中坚定地支持你的工作，只要你的贡献是对公司和团队有益的。

只有赢得这些同事的信赖和支持，你才能在实现公司目标的同时实现自己的目标。

① 你的上司是你最重要也是最基本的人脉。

总的来说，你越多地帮助你的上司成功，你自己获得的成功也会越多，你自己得到提升的机会也会越多。

如果能做到以下几点，你通常会赢得上司的信任和支持。

- 总是高效率地完成工作，并且在做事时有明确的目标。
- 对公司忠诚，能在公司价值观和个人观之间找到结合点。
- 让领导的工作变得简单，而不是变得复杂。你是将麻烦从经理办公桌上拿走的人，而不是带来的人。

帮助上司成功，也就是帮助自己成功。

② 建立你工作上的人脉。

人脉，对一名医药代表是非常重要的。你工作上的人脉，同样是哪些从事医药营销工作的人，包括资深的营销管理者、客户、业内的专家以及一切你能在工作中沟通上的人。

这些成为你人脉的人，不会有太多的偏见。他们要比你的上司和同事更加客观。他们会为你出谋划策，但不会把意见强加于你。他们也有他们的人脉，会介绍新的同行给你，他们会在合适的场合说合适的话。

建立你的人脉除了需要运气，更需要策略，还需要把握住好的机会。

如果运气好，在一个区域推广会上，或在一次参加培训过程中，你就会发现你需要的人。有策略地发展人脉是更重要的。

在和一些成功人士交流的过程中，我们总结出了一些建立工作人脉的原则。

- 向公司里的"关键人物"了解公司的组织结构和组织原则。
- 积极地了解和认识这些"关键人物"的做事风格。
- 争取"关键人物"的时间，与他们共事。
- 在团队活动中争取"曝光"的机会。
- 给别人带来附加价值。

当"机会"遇见"策略"时，你就可以成功地建立你的人脉了。当你发现某个"关键人物"每天早上8点钟总会去泡杯咖啡，那么你就要想办法在下一个早上8点钟时，与他在咖啡时间里做一次有意义的沟通。要坚持寻找一切机会持续发展你的人脉，让他们了解你的特长和兴趣，征求他们的专业意见。

当你遇到工作中的"关键人物"时，以下七个原则会对你很有帮助。

- 保持你的职业素养和专业形象。
- 见面后一定要握手。用手掌去握，而不是用手指去握。握手的时候一定要与对方有目光接触。
- 用全名介绍自己，并且用简短而积极的词语介绍自己。比如说："我是张大民，我很喜欢我现在的销售团队，我们刚刚在新产品入院工作中拿到了全国第一。"
- 递出的名片要整洁规范，递之前要准备好，不要临时乱找。
- 做一个遵守承诺的人。如果你说要打电话或发邮件给某人，就一定要照办。
- 学会跟进。
- 了解你的公司和整个行业，在与业内人士交流时不要说外行话。

你认识的人对你建立人脉很重要，那些你不认识或者未见过面的人，对你建立人脉也许更重要。因此你应该注意以下几方面。

- 要时刻准备着会见某个人物。保持你的专业形象、自信地握手、准备好名片。
- 要让人们能看见你。无论在公司内部还是在公司外部，在开内部销售会议时、在参加培训时、在开推广会时、在与客户联谊时，都要表达自己的商业观点或专业观点。
- 在参加上述活动之前，要做一些功课。了解一下将要出席的人、他们感兴趣的话题是什么、围绕讨论的主题发生了一些什么事情、你的看法是什么……
- 活动之后要跟进，与参与的人保持接触。建立与他们沟通的渠道、看看有没有进一步的资讯给他们、给他们进一步的帮助或寻求他们的指导……

当你认识的人越来越多时，你的人脉就建立起来了，这时要注意维护你的人脉。

- 组织一些活动或项目，让他们能够与你一起工作，发展更多的人参与进来。
- 在他们中间做"调研"，听取他们的建议。尊重他们的意见会给他们留下非常好的印象的。
- 坚持为他们提供资讯和帮助，分享你的成功经验。
- 如果不能经常见面，要定期发短信和邮件，交换最新看到的趣闻和专业文献。
- 送去生日或节日的祝福。
- 了解他们的成就，发去祝贺的卡片。

3. 个人成长管理

个人成长管理是医药代表职业生涯自我经营的重要组成部分。如果你觉得所掌握的知识和技能已经足以使你成功了，那你就大错特错了。无论你获得了怎样优秀的销售业绩，都要相信自己还有更大的增长潜力。要不断地尝试新的事物、探索新的方法、完善你的技巧，不断超越自我。只有在你的医药代表生涯中不断地学习，才可能不断地获取进步。

不要找太多的理由妨碍自己的提高：满足于现状、不敢尝试未知的事情、没有时间等。这些阻碍其实是很容易克服的。没有理由认为别人能够成功，而自己却不能。

要进步，就需要在以下三个基本方面增长你的才干。

- 基本技能。这是你每天的功课，医药代表的工作要求你掌握最基本的销售技巧和专业知识。
- 市场眼光。在你所负责的销售区域里，医药市场的发展趋势是怎样的；更重要的是，在你产品的治疗领域里，医生主流的治

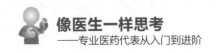

疗观点和方法有哪些；你的产品对于医生或患者来讲，能满足他们怎样的需求；有多少竞争对手在与你分享蛋糕……

- 自我管理。面对困难和危机，要勇于尝试新的方法。包括开发新的市场、与很难见面的医生沟通等。

成长中面临的困难和危机，都是再正常不过的事情。当你碰到它们时，问自己两个问题："最糟的情况是什么？"、"我能接受吗？"

一旦你认清了最糟的情况，你就会很容易从困难和危机中走出来。你一定会有挽救危机的计划，会找到可以利用的机会和资源，也知道自己必须舍弃什么。

医药代表的个人成长，就是在不断地克服困难、战胜危机和超越自我的过程中完成的。

4. 参与进来，成为医疗团队中的一员

参与进来，是一个双赢策略。在帮助其他人成功的同时，你自己也会获得成功。

以下的事情不光是产品经理或销售经理可以做，医药代表也可以做出贡献。

- 与当地的医学会或药学会联络，成为某个专业委员会的编外人员，为他们提供服务和支持。
- 参与社区医疗卫生服务，从事健康宣传活动。
- 为行业协会提供服务和支持。

不要仅仅成为一个跟随者，要成为一个组织者和领导者。因为当你参与其中，并得到了人们的赞许和尊重后，你的职业生涯才有可能向上发展。

当你参与其中时，你贡献得越多，就会得到更多。你会扩大你的视野，认识很多的人。你未来的销售业绩增长和提升机会也会出自于你的这些贡献。

5. 通过口头的和书面的形式，与其他人交流你的思想、分享你的知识技能、共享你的成就

- 在你的公司里，提升作为一名雇员和医药代表的价值。
- 在药品营销的专业领域扩大你的人脉，在你的人脉中扩大你的影响。
- 在你的销售区域里表现出你的能力和地位。
- 高质量地做事，在做事时能够自我激励、充满信心，发展出领导能力。
- 通过交流你的思想、分享你的知识技能、共享你的成就，给人留下深刻印象。
- 当你取得销售成就奖励自己。

要做到以上这些，你就需要一个发展计划。反思一下你需要的专门知识和专门技能，需要和怎样的人共事与交流，通过怎样的方式和途径与他们交流。

- 你需要的专门知识和专门技能指的是那些你能够在口头上和书面上交流的对药品营销的认识和经历。
- 交流的对象非常重要，包括医生、你的主管和其他医药代表。了解他们的需求和兴趣，把他们作为你职业生涯自我经营的对象和伙伴。
- 选择好的沟通方式，能够经常与他们沟通，又不会影响正常的销售工作。

第一种方式：说出来！

在药品营销领域要努力将自己培养成一位演讲者。在你的销售区域里能够经常地和定期地演讲，将是打造你专业形象和影响力的捷径。

成为演讲者是医药代表能够成长的关键因素。每一名医药代表都要有勇气成为一名演讲者。你可以从小范围开始练习，哪怕开始只有两到三名听众。

无论在全国的、省级的或者是地区级的会议，争取作为一名演

讲者，只说10分钟也好！这是你获得成就的关键一步！

要让那些能够帮助你成功的人看见你和听见你。如果当着你上司的面，你能够代表你的公司发表演讲，那将是一件多么重要的事情！要成为一个愿意在各种会议上和集会上当众分享销售数字、提出销售目标和呈现销售利益的人。

积极参加社会公益活动，也是你在销售精英中树立威望的重要组成部分。在这些活动中充当组织者的角色：致欢迎词、介绍其他讲者、主持讨论等。

要成为一个出色的演讲者，需要你精心规划和准备。挑选出3～5个可以演讲的主题，反复练习和不断完善其中的内容。列出几个可以的场合来发挥你的演讲才能。规划你每一次演讲的时间表。

第二种方式：写出来！

把你对药品营销的思想、经验和成就写下来传播出去，也能获得哪些能够帮助你的人的关注。养成写作和记录的习惯，可以帮助你总结销售的经验、提高对销售的认识，能够帮助你成为销售的专家。

养成写作和记录的习惯是非常重要的，特别是你打算写给别人看时：一份会议纪要、一份通知或者是一份电子邮件，都会帮助你提高写作水平。

你可以通过以下途径提高写作技巧。

- 经常阅读，在阅读的同时了解各种写作风格。
- 在医药代表的专业领域写下评论的按语和纪事，然后分门别类地存档。
- 有机会的话，上一堂写作课。
- 向业内的写作高手请教。

在公司的内部刊物和公告栏上发表署名文章，分享你对销售的感悟、经验和成功，也是很好的方法。

- 联系一下公司内部刊物的负责人。他们会经常在公司里到处约稿，会非常欢迎你的文章的。你可以在文章里宣传你和你团队的销售成就、销售经验和团队建设活动。
- 帮助你的上司完成销售报告和其他销售文件。
- 帮助你的同事完善他们的销售报告和其他销售文件。
- 在公司的或部门的公告栏上，或者公司的电子留言板上留下你的纪要、通知或邀请函，你会得到更多人的关注。

通过公司的内部刊物、公告栏或电子留言板留下你的文章，你可能会得到行业媒体的转载和关注。如果能拥有越来越多的读者，你的职业生涯会更加丰富，也会得到更多的机会。

医药代表也可以在正式出版的媒体上发表文章。

- 可以收集一些行业消息和观察文章发给媒体的编辑。
- 写下你自己的观点，留下你的联系方式。
- 最后可以定期发送一些你自己的文章。

值得注意的是，许多大众杂志和报纸会有猎奇的心理，最好了解一下公司对大众宣传的原则和管理办法。在与这些编辑沟通时，一定要说明文章的主旨、文章对非专业读者的益处以及这样的文章对行业发展的好处。

医药代表的自我经营方案，是许多行业成功人士曾经走过的成功之路，是医药代表职业发展的指南。

像医生一样思考　026

四种特质类型的医生　027

医生是如何处方药品的？　030

短暂拜访的要点　033

医生也需要提升营销能力　035

为医药代表解惑　037

2

像医生一样思考

一个医药代表如果想顺畅的和医生交流,并将自己的专业药品知识顺利传递给医生,他就一定不能以自己为中心,强迫灌输其产品信息给医生,而是要学习换位思考,了解医生的需求和思考习惯,要学会像医生一样思考。

若想像医生一样思考,首先就要了解医生,要了解他们想从医药代表这里获取什么。美国出版的《医药经理人杂志》所做的一份市场研究显示,医生需要医药代表为他们提供没有任何偏见的科学信息和临床比较研究,从而能够帮助他们对自己做出的诊断和治疗方案提供客观的帮助。

一般来说,一个医生处方一个药品,要经历四个阶段,我们可以把这四个阶段总结为IDEA方式,即识别(I)、发现(D)、评价(E)以及决策行动(A)。

- 识别阶段。医生面对一个患者,他对患者疾病的诊断已经明确,这时候他就要识别哪些药品可以帮助治疗患者。这时候医药代表要给医生提供尽可能多和详细的药品信息,以帮助医生识别出自己产品可以给其提供的帮助。
- 发现阶段。医生会整理自己得到的关于药品各种信息,从中发现出对治疗最有效,并且性价比最合适的产品。这时候医药代表应该给医生提供自己产品最核心、最具竞争力的信息,帮助医生在众多产品中发现自己产品的价值。
- 评价阶段。一般来说,医生会从安全、有效、方便、经济等几个方面综合来评价一个药品,医药代表要了解医生评价的标准,并结合自己产品的特点来向医生介绍,帮助医生正确评价自己的产品。
- 行动阶段。医生只有觉得他需要的信息足够了,并且这些信息可以帮助他做出最终的选择后,才会最终处方一个产品。

医者思维

理解医生是如何思考的,以及确定每位医生正处于哪个阶段,医药代表就能在最合适的时间,以最有效的方式提供最有用的信息资料。只有了解医生,像医生那样思考,医药代表才能更有效地实现医生拜访效果最大化,才能用更有效、更有建设性地影响医生的临床行为和处方习惯。

医药代表能够改善业绩是通过转变医生的学术观点,进而改变一个医生的临床行为。这种行为恰恰是处于经常的变化之中的。这些变化都是在医生每天遇到诊疗问题,而且想学习其他治疗方案时发生的,甚至,这些医生想成为一名学习过程中的积极参与者。如果医药代表提供的资讯给医生刚好作为学习和解决问题过程的一次机会,那么,过程中的每一位医生、患者及代表都会获利。

为了改变医生的临床行为和处方习惯,专业医药代表参与到医生所经历的过程是至关重要的。因此,通过培训代表把与医生在一起的时间看成是一次学习的过程,就可能促进他们更快地了解过程,达到他们的目标。当临床资料被用来作为一种学习工具而不是销售工具的话,就变得更有效了。

四种特质类型的医生

有很多的方法判断一个人的特质:可以按每个人的世界观、他们的言谈举止,甚至他们的体征外貌来分类。你也许听到过许多有关医生特质的讨论。这里会用一种有趣的方法来区分医生的特质,这种分类方法对你的工作会有很大帮助。

通过以下四种基本的医生特质类型的描述,你一定能在你脑里勾画出医生的图像,以便你快速地选择与重要客户沟通的途径和方法。

"权威型"医生

的确有相当一部分医生认为自己是"上帝",他们以为自己无所

不知。他们通常不会十分重视你告诉他们的产品信息，尽管这些信息对他们很重要。这种类型的医生一般都是一些年资较长的男性医生，他们通常也不会太重视医学继续教育的活动。给人印象深刻的是，他们的确拥有一些独特的知识和技能，而且经常会拒绝你说的任何信息，他们大都希望你把他们当做"权威"来看待。

关于向这种类型的医生推广产品的要点是：你绝对不能试图与他们去争论，要以一种直接的和自信的方式去呈递你的临床资料。不要表现出过分的亲密，因为这类医生会保持与你的距离感，以显示他们的"权威性"。他们喜欢在患者和同事面前表现得让人觉得自己非常博学。如果你能提供一些新的样品，展现你的产品在市场上的领导地位或者最新的临床发现的资料，你就可能掌握了开启他们的心灵的钥匙。

"教授型"医生

要提防这类"教授型"医生，通常在他们名字前面有一大堆头衔。他们也许真的是一所医学院校的教授，但也不总是这样。他们喜欢提出一些对临床研究的疑问，争论最微不足道的临床治疗上的差异。

当你走进这类医生办公室的时候，要有充分的准备。一定要读通你的临床研究文献，并准备随时与他讨论其中的细节。带一些这类研究的复印件以及其他可能影响你产品的重要研究在身边，不管是有利的证据或不太有利的证据。要理解一些循证医学的基本概念，设法对你产品治疗的疾病以及所有针对这类疾病的治疗方案有一个很好的了解。不要表现出除了对自己产品之外，对其他学术问题的一无所知。如果你的医生做过类似的临床研究，你应避免与他们争论他的学术观点和研究中竞争对手的表现。如果你了解疾病的分类以及该治疗领域的主要研究的话，你将在很大程度上在这类医生心目中建立你的可信度。

"投资家"医生

"投资家"医生通常是容易被发现的，在他桌上通常会有一份证券投资杂志,在邻近的电脑银屏上还能看到医生关注的股票行情。这种类型的医生,可能很少关注到你带给他资料的科学部分,这类医生想知道你产品的市场份额是多少,你是否有新产品上市。

如何引起这些医生的关注是显而易见的,提供有关细分市场的任何财经新闻或你推广药物的药物经济学信息,向他们展示最新的市场份额,告诉他们你的产品是属于成长型的,而其他产品正处于衰退期。记住,市场份额对于这类医生来说有一种隐含的意义,在他们的潜意识中,如果你的产品市场份额在增长,那你的产品一定是一个好药。

"实干家"医生

当你走进一个诊室,里边看起来像刚刚爆炸了一颗炸弹一样,房间里塞满了患者和家属,医生总是姗姗来迟,办公室总是混乱和脏兮兮。这就是第四类医生——"实干家"医生。他们特别忙,通常看起来不那么追求"时尚",他的患者也特多,几乎没有时间和你谈话。他们更关心那些对患者诊治有实际帮助的信息,几乎不在乎最新的研究成果或市场份额。

你要接近这类医生的机会实在太有限了,所以你需要充分利用你最有限的时间。以最简洁的方式提供你产品的相关资料。不要使用所谓的销售技巧,如开场、探询、处理反对意见等,这样做只会让这类医生烦你,不理你。多带一些样品和患者教育资料,帮诊室里的其他人做点事,然后直接缔结。努力使自己成为这类医生的资料来源,成为他们的咨询顾问和帮手。如果你以这样的方式树立自己的形象,那将会使你与这类医生之间建立一种牢固的关系。

医生并不会只显示出这四种特质,大部分人都会同时具有这四种特质,只是程度不一样而已,其中有一种特质通常会表现出占主导。看和听,你可以很快确定勾画出医生的特质。那么你的推广方式就是要从强调你的产品中最能引起他们关注的内容开始,逐步深入,直到他们处方你的产品。

医生是如何处方药品的？

药物的选择是一个理性的思维过程，但是医生的经验、个人偏好、各种医疗指南也会在不同程度上影响医生的选择。面对如此之多的变量，医药代表的确很难预测医生所做的决定。但每个医生在做出药品选择时也会遵循一些一般的标准，姑且称之为医生选择药品的八个尺度。医药代表了解这些尺度对其更好地向医生介绍自己的产品有重要意义。

医生选择药品的八个尺度如下。

- 安全性。一般来说，如果一个药物是得到了相关药监部门批准的，医生都会认为这个药物是基本安全的。因此医药代表首先要让医生明白自己推广的药物是有合法身份的。当然药物不良反应也在医生的安全性因素考虑范围内。一般来说，药品安全的程度与诊治疾病的性质有关。在某些案例中，使用一些药物是值得承担一定风险的，例如肿瘤化疗药物等。
- 药物功效。在安全有保障的基础上，功效常常是医生在选择药物时最为重要的衡量指标。如果某种药物在功效上的确很突出的话，它往往能成为医生最终的选择。但有一种常见的情况：医药代表推广的药品，它的疗效优于竞争对手的依据是一些临床试验对比，但这些临床试验却是在医药代表所在公司的赞助下完成的。这时医生通常会对研究结果保留更多怀疑。因此多数情况下第三方的研究可能更有说服力。
- 药品价格。当药品的价格上涨时，这一衡量尺度的重要性就显现出来了。研究显示如果每天药物治疗的花费超过了16元，价格的微小差异都可能变得非常重要。如果所有的其他尺度大概都差不多时，价格就可能成了决定性的因素。大多数患者都不只用一种药品，因此，药物治疗的费用就有可能增长很快。控制治疗的成本对医生来讲是很重要的，同时也是比较困难的。

这是因为一方面可以很好控制医疗成本，又能保证医疗效果的医生会受到更多患者的欢迎，但与此同时，廉价的药品其安全性和有效性又是医生难以掌控的。因此如果医药代表可以给医生提供一些针对自己产品的药物经济学研究数据，通过这些数据向医生推荐自己药品的高性能价格比，医生是很欢迎的。但与上面提到的一样，这些药物经济学的研究最好不是由自己的公司赞助进行的。

- 依从性。依从性不佳造成的医疗费用增加是令人惊讶的。在美国，每年因依从性不佳造成的直接和间接的医疗费用估计高达一亿美元。所有住院的10%和所有在家护理的25%费用归结于依从性不佳。保持依从性的最好办法就是服用药物方便而且次数少。每日服药一次，每日二次也能接受。多次给药和复杂的服药方法将很快削弱药物的竞争力。药物间在其他各个方面很相似的情况下，服药次数也会成为决定性的因素。

- 医保覆盖。很多医生和患者将药品是否在医保范围内，作为药品选择的最重要因素，他们非常关注需要自费的药品价格。医保政策试图限制昂贵的药品进入报销目录。尽管如此，医生和患者仍然非常关注最新的和最好的治疗方案。同时，为了满足广大患者日益增长的医疗需求，每隔几年国家也会逐步扩大医疗保险药品目录的范围。

- 药物相互作用。随着医生越多地了解到药物之间的相互作用，医生在选择药物时碰到的困惑也就越多。不仅这样，越来越多的强效药物问世，越来越多的非处方药的使用，问题就变得更复杂了。文献报道的药物相互作用能对药物的选择起到重要的作用，尤其是在药物相互作用严重的时候。理论上来讲，药物相互作用会对医生选择药物带来更多的困难，但是实际上药物的相互作用到底有多少影响了药物的选择，往往取决于每个医生的个人经验。这一尺度的把握很大程度上取决于药物相互作用的复杂性和他们潜在的不良反应。但一般来说，药物的相互作用不会成为医生选择药物的决定因素。

- 不良反应。药物不良反应既是药物选择的一项十分关键的因素，

但又往往不会完全影响医生的用药决策。只有当药物出现严重的不良反应时，该因素会成为一个非常重要的指标。有的医药代表在向医生介绍自己的产品时，因为怕影响医生处方，而故意隐瞒或淡化自己产品可能发生的不良反应，这是错误的做法。因为医药代表如果这么做，一旦发生严重的不良反应，医生由于缺乏足够的准备可能处置不当，给患者造成巨大的伤害。医药代表一定要让医生对其公司产品可能发生的不良反应和可能带来的潜在医疗风险有一个正确的认识，并且要让医生掌握一些控制可能发生药品不良反应的方法，这样才有助于医生面对合适的患者时正确处方其产品，也有助于医生和患者有信心使用其产品。

- 样品。厂家的样品会影响药物的处方吗？最近一项调研反映：91%的医生说如果手头没有十分合适的成熟药品情况下，他们就会去使用那些不同于他们常用药物的样品。此外，其中有27%医生表示尽管国家高血压预防、检查、评价和治疗指南建议高血压患者初期应选用β-受体阻断药或利尿药，他们还是会给患者选择和试用一种较新的抗高血压药治疗样品。样品对药物处方的影响会随着药物样品的种类而变化：样品对慢性疾病的用药更有作用，例如抗高血压药和降低胆固醇药等，这些样品更有可能产生实际的处方；而用于短期治疗如抗生素，样品就很难改变医生的处方习惯。

当医药代表了解了医生选择药物的八个尺度后，还要了解其他一些重要的事情：每种药物要会归于医生选择药物的排序之中。医生更看重哪个尺度，完全取决于患者的疾病类型和药物本身的特点。医生脑海里对于每种药物的都有自己的观点或印象。医生选择药物的排序不会是静态的，它将随着患者的不同、学术观点的不同而变化。药品价格可能对于某个患者来说更重要，而药物的相互作用就可能对于另一患者更重要。有些医生可能根本不会选择某种药品，而另一些医生却在大量使用。医生选择一种药物的过程，大约只需半分钟就可以完成了。如果一个产品的完整图像不能在医生的脑海里出现的话，医生就根本不会使用。所以说，医药代表要花大量的时间让医生去了解自己产品的安全、疗效、价格、用法用量等,保证他们对自己产品有全面的了解。

短暂拜访的要点

在一次短暂的拜访中,医药代表一般会有不多于2分钟与医生谈话的时间。因此,对于一名医药代表来说,在进行医生拜访时,如何进行有效的临床信息传递将是非常严峻的挑战。有人认为简短的临床拜访要比与医生进行一次15分钟的面谈更容易。事实上,临床拜访时间越短,就越需要你知道更多的知识,越需要你训练有素,善于准确识别你需要传递的信息以及知道应该如何传递这些信息。

在一次早期的对内科医生的调研中,大多数医生认为5~7分钟足够医药代表进行一次专业的拜访。在对医生进行专业拜访时,医药代表要抓住以下原则:

- 医生会厌烦你每次都跟他谈同样的话题。
- 医生希望医药代表能提供与他最为相关的资讯:尤其是那些因为他们太忙,无法查阅又很想了解的资讯。
- 只有随机、双盲、空白对照的临床观察结果才能引起医生的关注。

现在,医生获得资讯的途径很多了,每天见到的医药代表的人数也大大地增加了。医药代表与医生进行有效交流的机会反而越来越少了。

对于今天的医药代表来说,更要注意这些要点。

去掉千篇一律的谈话

很多医药代表给医生的印象就是片面地照本宣科地宣传自己的产品,根本无法与医生就某个具体的临床用药问题进行有价值的交流,更不会与医生沟通有关患者的临床诊断与治疗问题。千篇一律的背诵式销售宣传不能让医生对药物有全面的了解,而且使得大多数医生认为与代表交流只是乏味的生意层面上的事情,甚至感到非常厌烦。因此医药代表能否将自己的产品信息用医生感兴趣的语言传递给他们,就成为了一次拜访是否成功的关键。

挖掘相关沟通要点

作为一名医药代表,常常会迷恋药物的作用机制,尤其是新的作用机制。尽管作用机制在产品知识培训中常常被强调为一个卖点,但是在实际与医生沟通时,不管药理学在产品知识培训期间听起来有多令人兴奋,但可能许多医生并没有时间或兴趣去聆听一个医药代表给他讲药理知识,因为他更关心的是临床资料。大多数医生发现,有价值的医药代表在他们产品的某个特别领域方面应是专家,而不是一名推销者。好的医药代表一开始会利用探询的技巧,来了解医生在临床用药感受,然后才开始从临床的角度与医生沟通药品情况,这样才不会浪费机会。

列出可信的临床研究成果

有时一些临床研究的数据会受到企业设计实验计划的影响而变得对他们的产品有利,所以通常医生对待临床研究的成果都是有自己的看法和关注点。在一些研究中,他们会认为有些数据更可信,而另一些数据则很一般。如果这项研究发表在权威的医学杂志上的,他们更加重视,如果该研究根本就没有发表过,那么医生就根本不会关注。临床研究的方法也非常重要,只有随机、双盲、空白对照的临床观察结果才能引起医生的重视。因此医药代表在拜访中给医生提供临床研究数据时,首先要提供这些数据的可信资料,否则就是浪费时间。

医生也需要提升营销能力

我们常常忘记医生其实也是在做营销。医生必须"销售"他们的治疗计划,包括给他们的患者选择不同的药物治疗方案。我们一般都是以药物的功效、安全性、成本与竞争对手比较,如果我们将医生也作为一名营销者,是否能帮医生把我们的产品定位在特定的患者类型上呢?对我们药品营销者来讲,这是一个非常重要的转变。对我们产品的未来也是非常关键的。那么,我们如何去做呢?

经验显示,一份销售宣传单页的内容只是显示一家公司产品的特点。通常情况下,只有医生觉得你产品的特性对他有意义,他才会考虑使用。这就说明,一般的营销资料总是泛泛的,对医生关心的问题几乎只字不提:什么样的患者可以用你的药,它对医生的治疗有多少促进作用。仅仅用品牌信息和产品特性来说服医生使用你的产品,是重要的,但显然是不够的!

把医生看做一名营销人员

营销人员,简单来讲,就是经营和销售某种产品的人。再高明的医生,只有让患者合作和依从他的治疗,才能达到最佳的治疗效果。其实让患者合作和依从好,对医生来讲是一件非常有挑战性的工作。他们和医药代表一样,都需要遵循营销的基本原则。

下表中简单地列举了医生与医药代表在营销过程中许多相似的地方。医药代表的有效陈述不仅要从临床的视角说明产品的特点和利益,还要告诉医生如何发现合适的患者,并且施以合适的药物治疗计划。此外,医药代表必须为医生准备一些患者可能问及的问题答复。

当医生诊断和治疗他们的患者时,他们也需经历相似于医药代表的营销过程。

过程	医生	医药代表
明确客户的需求	病历和身体检查 症状检查 化验单查阅	拜访记录的回顾 处方资料的回顾 开放式的问题探询
陈述	诊断讨论 对于每种药品的治疗选择	产品的特征和利益 临床证据
克服异议	风险/利益的解释 说服患者接受治疗计划 鼓励患者的配合	识别不处方的理由 解除医生的担心 鼓励医生尝试
缔结	同意诊断与治疗计划	要求医生处方

医药代表应该做什么？

　　从临床的角度讨论你的产品是这项工作的开始。从专业的角度让医生感到你在帮助他们为患者提供较好的治疗方案，从而在他们脑海里定位你的产品。对医生逼迫得太紧的医药代表是不能有效地使医生接纳你的产品的。正确的产品陈述，能使医生愉快地接纳，并感到你的产品能较好地给他的患者带来利益。实际上，只要提供的临床论据是令人信服的，医生就有可能成为你的一名较好营销伙伴。

　　<u>从医生的角度来理解医务工作者的工作，将能为你的产品定位提供新的天地</u>。你需要花时间去了解他们的工作，你更需要以一种全新的方式去了解医生是如何去做以及为什么这么做。你对这些因素的了解，取决于你的产品特性和相应的患者类型。例如，如果你的产品受到专家的影响比较大，像心脏病专家，那么理解专家的推荐模式就能提高对一般医生处方的影响。为了了解你的目标客户，你就要制作像蛛网图那样的多因素分析工具来分析你的客户。通过蛛网图分析，你可以清晰地描绘出医生处方的影响因素，并能够利用这一分析结果有针对性地帮助医生去找到合适的患者，并提供有针对性的药物治疗方案。

医药代表应该怎么做？

对医药代表来讲这也许是最容易的一部分。问医生一些开放式问题："您一般会向哪种患者处方我的产品？""您会向您的患者做怎样的说明？""如果患者对我的产品有疑问，您是怎样回答的？"依据医生的回答，你就可以了解到医生是如何看待你的产品的；有关产品的信息，你还可以向他说明什么；还可以给他提供什么样临床证据；还可以介绍怎样的患者类型供医生选择。

医生的世界是充满挑战的，这些挑战都是来自那些难于诊断、治疗和管理的患者。因此，医药代表可以不断提供给医生可预测的治疗方案，展示积极治疗的结果。通过改善医生对患者的掌控，实现提高产品市场份额的目的。

为医药代表解惑

医生的世界对于医药代表来说有时就像一个谜。你明明知道他们没有处方你的产品，为什么医生还一直在说用得很好？为什么有时候他们对你如此无礼？为什么你的产品确实是最好的，医生还要将处方分给好几个产品呢？

下面是我们收集的一些医药代表提出的典型问题，咨询过专家后给出了一些参考答案。

问题 ❶ 我知道医生本来可以更多处方我的产品，但他却很少开我们的产品，同时医生还总是说他们一直在处方我们的产品，他们是在对我撒谎吗？

解读：你需要理解你客户的心态，大多数医生是不会撒谎的。大多数医生这么说，是因为他们真的认为他们处方了很多药品，尤

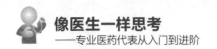

其是在那些他们认为合适的患者身上,所以在他们脑海里,他们的确处方了很多你的产品。

对于你的挑战是,要找到医生在哪些患者身上使用了你的产品以及为什么在这些患者身上处方你的产品。然后要帮助医生发现,还有哪些患者也可以使用你的产品,并且要提供证据鼓励他们尝试。做这件事有一个小窍门,就是找到医生在使用竞争产品中可能遇到的问题,然后向他展示你的产品在这一问题上的解决方案。

问题 ❷ 在我管辖区域里有很多这样的医生,他们常常平等地将处方分给了我和我的两个竞争对手。可我的产品明显优于其他两个竞争对手,为什么他们却不多处方我的产品呢?

解读:为什么医生将处方平分给同类领域的不同产品,最常见原因是他们没有看到产品间的任何差异,或在他们眼里这种差异太小以至于可以忽略了。如果你的产品的确更好的话,你需要用临床资料来说服医生。你必须找到你产品的独特利益点,并且你的产品能够解决医生在使用竞争产品中可能遇到的问题,用临床研究文献向医生证明这些,医生就可能会更多的处方你的产品。

问题 ❸ 我受到的挫折是,我在与医生沟通时,总是不能了解他们的真实想法,我用了一些探询的技巧,可他们不愿回答我的问题,我怎样才能与这些医生沟通好呢?

解读:你可能应该调整问问题的方式。如果你经常问的问题是:"医生,你见过这样的患者或那样的患者吗?";"给这些患者处方的时候你注意到某某问题了吗?",这些问题很容易让医生对你不予理睬,因为医生在自己的专业领域是非常自信的,这么提问会让医生觉得你正在指控他们有问题,在质疑他们没有用正确的方法去治疗患者,自然就不愿意理睬你了。

而且当你询问这些设定的问题时,医生会知道无论他们说什么,你都会说你有一个更好的方法,你的产品比其他产品更好。

遇到这样的情况,最好是将提问的方向转移到"其他人"身上。如:"医生,当这种类型的患者碰到这样或那样的情况,你知道有些人会用什么方法吗?",这种问法,不会让医生感到他必须马上解决问题,但可以让他们意识到问题的存在,而且意识到你也许有解决问题的答案。

问题 ④ 一些医生使用我的样品,但又不处方我的产品或处方得很少,我不知道他们是怎么想的。我应该做什么?

解读:在一些病例中,医生会将一些样品赠送给比较贫困的患者使用,希望他们完成整个治疗。但还有一些医生会给患者各种不同的样品,看看患者更愿意使用那种产品。

很多情况下,医生会将样品赠送那些对其他产品无效的患者,来了解你产品的实际功效是否真的更好。但有时有些样品对这些类型的患者也未必有效。

在所有这些情况下,如果医生没有观察到你产品的价值,你就难以改变他的处方习惯。所以你必须清楚地告诉医生这些样品对哪种类型的患者更有效,让他在应用中感受到不同的效果,这样医生才可能改变他们原来的用药习惯,处方你的产品。

问题 ⑤ 当我走进医生办公室去拜访他们时,他们一直在干些别的事情,丝毫不理会我在跟他们交谈。这时候,我应该做什么呢?我是否可以停下来,等他们忙完了开始注意我时再说?

解读:这应该是你的问题,而不是医生问题。尽管医生没有看你,但他还是可能在听你讲话,有经验的医药代表都能证明这一点。要记住,无论医生在干什么,他们都可能会在听你讲话的。

问题在于你是否能够了解医生的兴趣所在,是否能更多地吸引他们的关注,赢得他们的反馈。因此与医生沟通的内容才是关键所在。

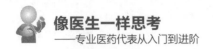

问题 6 我找到了一项有竞争对手资助的临床研究报告,结果表明我们的产品在某些领域里比竞争产品表现得更好。我是否应该告诉我的医生这项研究是我的竞争对手资助的?

解读:是的,你这样做是没问题的。但要确认你的产品在哪些领域比竞争产品更好,这样才能让你的医生了解他们之间的差别。否则,你就不要随意打击你的竞争产品,尤其是医生正在使用了人家的产品时。

问题 7 在我呈现一份资料给医生时,许多医生仅仅是看了一眼,他们似乎不是很有兴趣,我如何做才能引起他们的关注呢?

解读:医生对资料不感兴趣,大多是因为这份报告更像是宣传资料而不是一份学术文献。医生想要从研究中获得毫无偏见的科学数据,所以不要在这些文件中掺进太多的公司和品牌的信息。你提供的资料一定要是专业和中立的,最好能让医生可以相互传阅。

问题 8 我拜访的医生似乎很喜欢我,但他们通常只跟我谈社会类或体育类的话题。我如何做才能让他们关注我的产品?

解读:对医药代表而言,这是非常危险的事情。医生只认可你这个人,而并不认可你的产品。在这样的境遇下他们处方你的产品,只是为了帮你,你欠他们的会越来越多的。还是要让他们更多地了解你的产品更适合哪种患者类型,鼓励他们去尝试,体会产品给他们带来的益处。<u>医药代表要避免简单的关系营销</u>,这正是目前社会上对医药代表诸多质疑的原因。

问题 9 医生只给我两分钟的谈话时间,我只能传递一些肤浅的产品信息,我该怎么办?

解读:你应该感谢医生给你的这两分钟时间。因为在相同的时间里,医生可能会与你交流一些最重要的事情。只跟医生说事实和要点,要按照专业的说法去说;如果医生开始问你问题的话,那你的机会就来了。

问题 ⑩ 我们公司的市场资料和医学文献十分有限,我总不能每次都给医生相同的内容吧?

解读:每次拜访医生能够接受的信息也是非常有限的,你不能指望医生看过一次你的资料就开始处方你的产品。应该规划一下如何使用你的市场资料和医学文献:根据医生的认识程度,每次拜访选择一到两个关键信息给医生,直到医生能够完全了解你的产品。每次一小步要比一下子将所有信息都给医生要有效得多。

问题 ⑪ 一些医生对我说他们想要临床资料,而非产品的宣传单页。但我们的市场部却总将这些临床研究的结果放在产品宣传单页里,我怎样才能用这些产品宣传单页来满足这些医生的需求呢?

解读:医生常常会认为产品宣传单页中的临床研究信息是片面的,是毫无逻辑的编织文章。在你使用这些产品宣传单页时,他们会闭嘴不发言。对于这些医生,你需要首先出示原版资料的复印件给他们,在拜访的后期再拿出产品宣传单页。走时,将原版资料的复印件和产品宣传单页一起留给医生。

问题 ⑫ 我如何确认我呈现给医生的信息会使他们的处方产生改变?

解读:首先,需要一个有说服力的理由让他们使用你的药品:有最合适你产品的患者。然后,医生需要知道产品的功效、安全性、副作用、禁忌证等有关产品的所有信息。

医药专业知识

用临床药理学知识支持销售　044
学会读懂一般的检验报告　047
不同的给药途径对处方的影响　052
了解药物的相互作用　054
如何阅读医学文献　056

3

用临床药理学知识支持销售

作为一名专业的医药销售代表,需要对自己产品所处的专业领域有一个基本的了解。尤其需要学习一些临床药理学的基础知识。例如药物进入体内的过程,以及药物是如何影响机体、发挥作用的等。**临床药理学能帮助医药代表理解自己的产品**,有了临床药理学的基础知识,医药代表就能更好地将自己产品的特征转化为可以带给客户的利益,进而支持其销售。

临床药理学涵盖的范畴很广,包括药代动力学、药效学、药物相互作用、药物不良反应以及给药途径等。医药代表应该结合自己的产品来学习。虽然对于非医药专业出身的医药代表有一些困难,然而一旦医药代表理解了基础的药理学知识后,就能用这些知识来支持自己的产品,并可以与客户进行专业的深入研讨。

临床药理学由五大部分组成,医药代表需要理解这些概念,并有效地通过这些概念说明公司产品与竞争产品的比较优势。这五大部分分别如下。

① 药代动力学。研究的是一种药物通过人体的全过程,包括:

- 药物吸收。药物如何进入体内并被人体吸收的。
- 药物分布。药物是如何向机体内的特殊组织转运的。
- 药物代谢。药物进入人体内后发生了怎样的转化。
- 药物排泄。药物是如何从体内被排出体外的。

药物代谢动力学说明了一种药物在体内所产生的变化(包括治疗的和非治疗的)。

② 药效学。研究的是药物作用机制,表示一种药物是如何产生治疗效应的。医药代表要了解对于许多药物来说,准确的作用机制却常常是未知的。

③ 药物相互作用。当同时服用两种或两种以上的药物时，就可能产生药物相互作用。药物相互作用可以是在药物之间的，也可以在药物与食物或其他替代治疗上发生。

药物相互作用有几种类型，它们是：相加作用，涉及的药物必须具有相似的作用，联合用药的效果就是各单药应用所产生的药效总和；增强作用，使用一种药物可以提高另一药物的作用，涉及的药物也必须具有相似的作用；拮抗作用，药物联合应用产生了比任何一种药物单独使用时还差的效果，有些联合用药的效果也能导致减少或增加某种药物的吸收、代谢或排泄作用。

④ 不良反应。是人们不期望获得的药物反应。一些药物的不良反应与剂量大小有关，与剂量相关的最严重的不良反应就是用药过度，这种不良反应具有毒性。另一些药物的不良反应则与患者的敏感度有关，这些基于敏感性的不良反应包括一些变态反应，其取决于摄入药物的个体状况。还有一些药物的不良反应既不能归结于剂量大小，也不能归结于患者本身的敏感度，可以归因于药物的选择性不佳等问题。

⑤ 给药途径。是指药物如何进入体内。常见的有以下几种途径：口服、静脉注射、静脉滴注、肌内注射、皮下注射、吸入、透皮吸收等。

在医药代表开始销售活动时，应用这些基础的临床药理学知识，一定要理解这些临床药理学概念背后的含义。只要理解了临床药理学的基本概念，医药代表就能很好地理解产品的药理学特征。将理解的药理学特征应用到销售拜访中，就可以极大地提高客户的信任。

例如，药代动力学的知识能有效地帮助你证明你产品的优势。如果你正在销售一种半衰期为12小时的药物，这就意味着该药物从体内消除一半的时间需要有12小时。而如果竞争对手的半衰期只有6小时，这就可能意味着你的产品在患者依从性上将有绝对的优势。这就是你产品的卖点。因为你的产品远远比竞争产品在服用方面更加方便，患者更有可能坚持医生的治疗方案，更有可能获得理想的疗效。通过发掘与产品药代动力学特性相关的利益，在销售拜访中，就也有可能通过聚焦这些差异性来强调自己的产品优势。

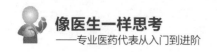

而运用药物的相互作用来支持你的销售,有两个主要因素要考虑:如果你的药物在用于综合治疗时,往往需要加用其他药物。例如,AIDS患者经常会使用一种被称为"鸡尾酒式"的药物组合,就意味着你要强调你的产品在联合用药中的必要性和重要性。而当患者需要治疗一种以上的疾病,而你产品只能治疗其中的一种疾病。例如,患者同时患有糖尿病和高血压,可能需要同时服用两种或更多的药物来同时治疗这两种疾病。那你就需要拿出可信的证据,证明你的产品在对另一种疾病治疗时,对患者的影响要比其他产品好。

至于不良反应,如果你销售的产品没有发现明显的不良反应,将是你产品的一个最好的卖点。例如,你正在销售一种用于治疗关节炎而又不会引起胃肠道反应的药物,你可能就比你的竞争产品在治疗关节炎方面更有明显的优势。

给药途径也能帮助你战胜你的竞争产品。例如,如果竞争产品只能提供片剂而你的产品则是液体制剂,那你的产品对于治疗老年人以及一些吞咽有困难的患者来说具有明显的优势。

有一点必须注意,当你在销售拜访中强调你的产品的某些药理学特征时,要记住临床药理学中所有内容都具有相互关联性。如果某种药理学特性受到限制,或以某种形式受到某种因素影响的话,其他药理学特性将有可能也受到影响。例如,如果某种药物必须口服,药物的分布就要比注射剂慢得多。如果分布得慢,药物的代谢就可能更长。如果有一部分患者患有肝脏疾病,对于这些患者来说,药物的代谢可能会进一步延长。如果这些患者正好又在服用另一种药物,就可能出现某种药物间的相互作用,从而影响药物的效果,甚至会引起副作用。这时,如果有某种药物不通过肝脏代谢,将会有非常大的优势。

药品销售和使用中,各种可能都会出现。在处方时,医生都会衡量每一个产品在药理学指标上的正反两方面影响。在销售产品时,你也必须衡量这些产品本身的优劣势。医生会聆听和相信科学的信息。**用临床药理学的基本概念来支持你的销售,帮助医生选择药品的同时,也可帮助医生选择最合适的患者,从而最有效发挥产品的优势。**

学会读懂一般的检验报告

临床检验结果是医生诊断疾病时的重要依据。了解医生何时开出检验单据，为什么要开出检验单据，可以帮助医药代表理解医生在他们日常工作中面临的一些问题。

测定某些体内物质的浓度水平，可以帮助医生更好地治疗患者。以下是医生经常要了解的一些体内物质。

① 电解质。是带电的颗粒或离子，存在于人体的每个细胞中。电解质对于细胞内的多数化学反应和生理功能来说都是必需的。带正电的电解质被称为阳离子，带负电的称为阴离子。

- 钠离子（Na^+）。是人体中最丰富的阳离子。其在人体体液中存在，帮助维持体液的渗透压。例如，血液中的钠离子浓度的改变，会导致细胞内外液体渗透压的改变，最终导致细胞脱水或水肿。

  钠离子在维持人体合适的酸碱平衡中也起了重要的作用。用pH值表示，范围从1～14。酸值最大的是pH值为1；pH值为14表示碱性最大；pH值为7代表中性。重要的是，要知道pH值是用对数值来计算的，意味着每次的增加会表现出十倍数的差异。例如，pH值为5的液体酸度要比pH值为6的液体酸度要高出十倍。因此，pH值的微小改变都可以被看做是威胁生命的。人体正常的pH值大约为7.35～7.45，所以人体正常的pH值是稍微偏碱性。如果pH值降至7.35以下，就会被称为酸态，尽管在化学上pH值高于7就属于碱性了。

  钠离子对脑内及全身神经的脉冲传导起到了非常重要的作用。钠离子在神经系统和其他器官系统中有着相互作用。任何钠离子浓度的改变，都会导致多个器官的损伤。血液和尿中的钠离子浓度间也存在平衡关系。任何影响尿液中钠离子水平的因素，都会改变血液中钠离子的水平，会引发各种疾病的发生。

在很多种情况下会发生低钠血症（血液中钠离子浓度降低），这一症状比起高钠血症的出现还要常见。

高钠血症也会因多种因素引发。这些包含呕吐、腹泻以及严重的烧伤引起的体液损耗。像充血性心力衰竭、甲状腺功能减退症、糖尿病患者的酸毒症等疾病也能导致高钠血症。

随着一些药物的治疗，在某些患者中不是增加就是减少血钠浓度，很多药物治疗还会双向影响血液中钠离子浓度的变化。引起血钠水平增加的药物有氨苄西林、卡马西平、可乐定、氢化可的松、口服避孕药和西地那非等。引起血钠过低的药物是卡托普利、氯坦平、氟西汀、硝苯地平和丙戊酸等。

- 钾离子（K^+）。是人体细胞中最普遍的电解质。与钠离子一样，钾离子（K^+）在神经传导和酸碱平衡方面起着积极的作用。钾离子也与心脏电导率有关，帮助调节心率和心脏收缩力。钾离子在心脏中是起着关键的作用，极小的变化就能导致多种心律不齐，有些甚至威胁生命，如室性纤维颤动等。

  低钾血症是指钾离子游离出血液，进入细胞，临床中经常会发生此症状。这些症状表现为脱水、慢性酒精中毒以及各种肾脏疾病，包括肾小管性酸中毒等。

  大多数钾离子是从肾脏排泄的，所以许多涉及肾功能和血压改变的药物治疗都会影响体内钾离子的含量。

  影响钾离子水平的药物治疗与影响钠离子水平的药物治疗是非常相似的。因为，这两种离子在人体中都具有十分相同的作用过程，它们之间也存在着内在的关系。

- 氯离子（Cl^-）。是一种非常重要的负电离子，通常与钠离子结合形成氯化钠或与氢离子结合形成盐酸。氯离子最重要的作用是维持细胞结构和调节酸碱平衡。大多数氯离子都存在于细胞外，所以血清的试验并不能真正检测到体内的氯离子总量，氯离子水平与其他阴离子含量有关。所以，氯离子含量的任何改变一定要参照其他阴离子含量状况。

血清氯离子的减少发生于烧伤、严重的呕吐或腹泻、充血性心力衰竭、慢性酸毒症和碱毒症、水肿或盐耗竭等情况下。

血清氯离子的增加则发生于脱水状态、肾脏相关疾病（如肾小管性酸中毒）、尿崩症、库欣综合征以及其他严重的疾病。如果一个患者过多静脉滴注氯化钠液体，氯离子水平可能会提高。

- 钙离子（Ca^{2+}）。是大多数存在于骨骼中的阳离子。在血液中仅含约1%。其中一半与蛋白结合。标准血清钙仅占含人体总钙量的0.5%。

钙离子在肌肉收缩、神经传导、记忆形成、血液凝固以及某些恶性肿瘤的发展中起着关键作用。对于患有淋巴肉芽肿病和多骨髓瘤疾病的患者，需要定期跟踪其血钙水平。甲状旁腺会影响血钙和磷水平。因此这些离子的测定，能协助追踪影响甲状旁腺激素的甲状旁腺肿瘤或骨瘤的发生。在长时间的外科手术期间，也需要监测血钙水平，以确保血液保持正常的黏度。因为钙离子参与肌肉收缩的过程，对于跟踪患有心律不齐的心脏病患者，也是很有意义的。

高钙血症可发生于肿瘤的腺体增生时。例如，普通甲状旁腺分泌性肿瘤：霍奇金淋巴瘤、非霍奇金淋巴瘤、多发性骨髓瘤以及颈部和肺部的鳞状细胞瘤等。

有些疾病如肺结核、肉状瘤病，会释放粒状物质，可提高血清钙。骨折，尤其是那些大骨骼（如长骨，尤其是大腿骨）可引起钙从骨骼流失到血液中。

低血钙可能是几种情况造成的，当白蛋白降低时会出现假性低血钙。正如先前所说，血中有一半的钙是与蛋白质结合的，所以当蛋白含量下降时，那么测到的血钙含量也是下降的。在甲状旁腺切除术时，钙水平也会降低。严重的酒精中毒引起的肝硬化、维生素D缺乏以及软骨病都会导致直接或间接的缺钙。

引起血钙水平升高的有：抗酸药、卡托普利、口服避孕药、苯巴比妥、黄体酮、普萘洛尔、维生素D等许多药物。

引起血钙水平下降的有：阿司匹林、卡马西平、可的松、利尿药、庆大霉素、胰岛素、干扰素、泼尼松、他莫昔芬（三苯氧胺）、四环素、茶碱等许多药物。

- 镁离子（Mg^{2+}）。与钙离子一样，大部分储存于血液以外的其他地方。40%～60%的镁离子存在骨骼里，约30%在细胞里，20%在肌肉里，剩下的1%左右在血液中。镁离子最重要的功能是促进作为能源的腺苷三磷酸在全身的使用。腺苷三磷酸是人体酶系统中必不可少的一个部分，负责人体的很多反应，包括蛋白质和核酸的合成、碳水化合物代谢、肌肉收缩等。镁和钙在功能上是相互联系的，因此很多因钙水平的变化而导致或受到影响的疾病，同样也受到镁离子含量的影响。

② 血液学检查。成人平均约有5升的血液，60%是液体（称为血浆），40%是细胞。分成红细胞、各种白细胞以及血小板。

医生开出的最普遍的化验单就是血常规检查，包括红细胞及白细胞计数、血红蛋白、红细胞压积、各种红细胞指数以及血小板计数等。如果医生怀疑有细菌感染的话，就会为患者开一张血常规化验单，并将患者的常规血液检验作为判别是否感染的标准。

《美国临床病理学》杂志发表的一份研究中提到，医生认为最常用的或总是有用的血常规检查项目仅有4个。这些项目是：红细胞计数、红细胞压积、血小板以及白细胞计数检验。其中有98%的医生认为红细胞压积是血常规检验中最有价值的检验项目。

医药代表需要了解的几个重要的检验项目如下。

- 红细胞计数。红细胞，也称红血球，从肺向全身转运氧气。再从组织中携带二氧化碳运回肺，通过肺呼出体外。红细胞计数试验是测定每立方毫米血液中的红细胞数量。

红细胞计数的下降发生于贫血，失血或其他疾病，如霍奇金病、白血病和多骨瘤等。慢性感染也可能引起异常的低红细胞计数变化。

红细胞计数的增加，也称为红细胞增多。大都是由骨髓异常的活跃而引发的，但也有例外，如肾病、肺病、脱水、高原病等。为了获得足够的氧气，人体会通过增加红细胞的数量来补偿。

从上面的例子显然可以看出,异常的红细胞计数,可以作为诊断一个或多个器官的多种疾病的线索。通过这一事实,我们就可以创建一个非常简略的与之相关的药品名单,这些药物包括:抗生素,抗肿瘤药,抗凝血药和维生素K等。

- 红细胞压积。红细胞压积是一种常用的判断红细胞数量的指标。红细胞压积的增加会导致血液黏度变高,从而引起凝血,可以造成视力损伤、卒中和心肌梗死等疾病的发生。

- 血红蛋白。血红蛋白是血液中的携氧成分。它由血红素组成,含有铁、一种称为卟啉的红色素和被称为球蛋白的蛋白质。血红蛋白减少发生于许多贫血症、各种自身免疫性疾病,如红斑狼疮等。在红细胞增多症、充血性心力衰竭和慢性阻塞性肺疾病等疾病中,血红蛋白是增加的。

- 白细胞计数。白细胞,也称白血球,是维持人体抵抗力的重要物质。它们吞噬危险有机体的过程被称为噬菌作用,可以帮助抗体抵抗有害物质侵犯机体。白细胞计数分为两大类:一类是由多叶片、颗粒状的白细胞组成,称为**粒性白细胞**,医生也常常称这些细胞为多形体;第二类是由单片叶、无颗粒的白细胞组成的,如**淋巴细胞**等。

白细胞计数是临床工作中重要的化验指标,应用大致有三个目的:用以肯定或肯定诊断,如白细胞异常增高非常显著,并辅助白细胞形态检查,可确立白血病的诊断;为疾病的鉴别诊断提供依据,如白细胞增多更支持心肌梗死的诊断,白细胞数正常较支持心绞痛的可能;揭示疾病的严重性或检测治疗结果,如可通过白细胞增高的程度判断感染的严重程度,急性细菌性感染时白细胞的增高更为明显。

病理性白细胞增高,可能是某些细菌性感染所引发的疾病,特别是化脓性球菌引起的局部炎症和全身性感染,如:脓肿、化脓性脑膜炎、肺炎、阑尾炎、中耳炎、扁桃体炎、脓胸、肾盂肾炎、输卵管炎、胆囊炎及败血症等;或者是某些病毒性感染所导致的疾病:乙型脑炎、传染性单核细胞增多症、麻疹等;或是严重的组织损伤或坏死:如大手术后、烧伤、急性出血严重创伤、血管栓塞等；以及过敏反应，如输血反应、药物过敏、急性变态反应性疾病等；中毒反应，如各种药物中毒、农药中毒、重金属中毒、糖尿病酸中毒、妊娠中毒症等。

应用某些升白细胞的化学药物促使白细胞增高，多见于化疗和放疗治疗期间因白细胞数量急剧减少时，需要尽快提升白细胞而进行下一步疗程治疗的患者。

病理性白细胞减少，包括某些病毒性感染，如流行性感冒，病毒性肝炎、风疹等；某些细菌性感染，如伤寒和副伤寒；血液系统疾病，如再生障碍性贫血、原发性粒细胞缺乏症；脾功能亢进；理化因素，如放射线、放射性治疗、化学治疗药物、解热镇痛药等、抗肿瘤类细胞毒性药物等均可导致白细胞数量减少。

血常规检查通常会按照不同类型的白细胞进行排列。不同类型的白细胞具有对抗不同类型感染的作用。

中性粒细胞（最普遍的白细胞）的一般功能是对抗细菌感染；嗜酸性粒细胞的一般功能是对抗过敏和寄生感染；嗜碱性粒细胞的一般功能是对抗寄生感染；淋巴细胞的一般功能是对抗病毒感染。单核细胞的一般功能是对抗严重感染。

作为医药代表，要知道你所推荐的药物是否会影响临床检验结果，而且要事前提醒你的医生。通过这些，有助于与医生建立起一种互赖的合作关系。

不同的给药途径对处方的影响

在药代动力学发生作用之前，药物首先必须通过至少一种给药途径进入患者体内。给药途径的影响不仅仅只是给药方便的问题，其他影响因素有：对药物起效时间的期望，医疗保健成本，对于需要每日给药的患有慢性病患者的依从性的期望、患者的生活质量、社会影响等问题。

给药途径最常见的有两种：胃肠道给药和非胃肠道给药。随着药物制剂技术的发展，药物的给药途径会越来越多。下列说明两种最主要的给药途径。

- 口服。最大的特点就是便利。口服的药物在临床使用上是很方便的，也是经济的和非损害性的，对于各种缓释制剂、控释制剂以及各种异型制剂都是一样的。用于慢性疾病的长期治疗，医生通常会选择口服用药。只要患者具备吞咽能力，每天1次口服被看做患者依从性最好的选择。

  与注射剂相比，口服药物存在着首过效应或首过代谢。口服以后，药物会经肝脏代谢，经循环系统运送到作用部位的有效成分会比实际口服的总量少得多。当药物经过胃肠道时，药物会与食物等其他物质发生相互作用，药物稳定性就更差。

  由于首过效应的存在，有些药物口服效果并不理想。这时，就要选择避免首过效应的给药途径，例如：鼻腔、口腔和舌下服用等吸收迅速的给药途径。然而，这些途径仅限于小剂量给药，同时也伴有一定副作用，会在给药部位发生可能发生黏膜萎缩、嗅觉和味觉等影响。而且不是所有的药物都能通过鼻腔、口腔和舌下给药的。

- 注射给药。往往适合于大剂量的给药，而且可以达到完全吸收的效果。注射给药起效通常很快，对于急救用药是很好的选择。由于药物直接进入循环系统，口服给药的肝脏代谢和胃肠道刺激症状不会出现。但这是一种损伤性给药途径，注射给药必须要使药物溶解并在灭菌环境下实施。如果药物不易在水中溶解，通常会借助一种助溶剂来将其溶解。因此，也有可能导致新的不良反应。

在初级医疗保健机构中，医生一般会选择口服给药，因为这样对患者比较经济，而且依从性也会较好。如果对于重症患者的治疗，采用口服给药就会耽误病情。除了患者病情以及不同给药途径带来的潜在危险，文化与财务的影响，也会改变医生对药物给药途径的选择。

当医生为他们的患者选择药物治疗方案的时候，医生要关心疾病的治疗问题，还要遵照相关社会准则以及患者的期望。例如，直肠给药可能会避免肝脏代谢问题，然而，直肠给药不易被患者接受。医生处方时，如果有两种相当有效和安全的药物可以选择，医生就会考虑给药途径的影响。

了解药物的相互作用

药物的相互作用是医生经常遇到的令他们困惑的问题。对于医药代表来说，如果能很好地掌握药物相互作用的知识，就能在展示自己产品利益的同时，更好地帮助医生合理处方药品。

药物相互作用是一种药物与另一药物、食物或其他化学物质在体内相互影响而引起的，可以增强或降低某种疾病的治疗效果。

人体内主要有四个发生药物相互作用的部位。

- 胃肠道。胃肠道是药物相互作用发生的重要场所。有些药物，如莫沙必利，会增加胃肠道的动力性。与此同时，也减少了其他药物在胃或肠道内的停留时间。这就导致那些药物的吸收减少和有效服用剂量的提高。另一种在胃肠道发生的相互作用，在于一些药物与食物中的一些离子结合，形成难于被胃肠道吸收的复合物。这就是为什么许多抗生素不能与牛奶一起服用的原因。有些药物可以在胃肠道中相互结合，降低了这些药物中的有效成分。像考来烯胺和华法林一定要相隔几小时服用。
- 肝脏。人体肝脏通过P450酶系统使药物、食物和化学物质发生代谢。其中最关键的酶包括CYP3A4，CYP2D6和CYP1A9。大约50%的药物是通过CYP3A4代谢的，约有30%的药物是经

过CYP2D6代谢的。被P450酶系统代谢的物质被称为底物。例如，丁胺苯丙酮是CYP2B6的底物，通过肝脏时会被转化分解。促进这些酶的活性的物质被称为P450酶系统的诱导剂，而抑制剂是可以降低P450酶系统的活性的物质。诱导剂和抑制剂会改变底物的代谢量。诱导剂提高代谢活性，致使活性底物变少，而抑制剂降低代谢活性，致使活性底物增多。

为了更容易说明这一酶系统的作用，我们可以把肝脏看作一个多通路的人体垃圾处理站。作为底物的药物进入它们的通路后，就会被代谢。如果加入诱导剂，被代谢的药物就会更多一些，但如果加入的是抑制剂，则药物代谢的就会少一些。假如用垃圾粉碎机作比喻的话，诱导剂能使处理站增加能量，使粉碎更有效，那么有活性的药物就会减少，反之亦然。这就解释了P450酶系统的抑制剂能引起药物及其毒性在体内积蓄的原因了。

还有一点非常重要，药物和其他物质在通过P450酶系统时，会成为不同类型酶的底物、诱导剂或抑制剂。因此，一种作为CYP3A4底物的药物也可能是CYP2D6的抑制剂和CYP2B6的诱导剂。

- 血液。由于药物进入体内需要经过血液的运转，一些药物就会与某种血液成分相结合，尤其是血清白蛋白。与血清白蛋白结合的药物是没有活性的，不像处于游离状态的药物，可以继续被运转到作用部位。当两种都会结合血清白蛋白的药物同时出现时，它们就会竞争有限的血清白蛋白。其结果很可能导致其中一种药物过多地进入作用部位，就可能导致不良反应的发生。在同时使用两种能与血清白蛋白结合的药物时，如非甾体类消炎镇痛药、丙戊酸等，需格外重视不良反应的发生率。
- 肾脏。血管的收缩对于肾脏来说能降低某些药物的代谢，这样就会增加这些药物的有效剂量，有时还可能达到中毒的水平。如果尿液pH值发生改变，也会影响某些药物的再吸收，而改变每个药物的有效剂量。肾脏最终会促进了某个药物的排泄，从而导致其他药物的浓度过高。理解这些相互作用的发生，将给你提供更多对药品的认知，使你在拜访医生时能有更多的话题。

如何阅读医学文献

如何阅读一份科学性的临床研究报告？是要按照文摘、导言、方法、结果和研讨的文章顺序去阅读吗？一般医药代表可能会这么阅读，但阅读的结果往往是只阅读到了很多信息，但没有时间去思考其中的意义，最终可能是什么也没明白。正确的方法是，医药代表应该带着问题去阅读医学文献。

① 作者想要说明或证明什么？有没有一些假设？通常在临床文献的摘要中会有一句话来回答这个问题。而摘要中剩下的内容可以暂且放在一边。

② 作者如何来说明或证明他的假设的？这个问题可以在方案设计中得到了答案。有些临床方案的设计，可能并非是证明这个假设的最佳选择，而且会影响到有用数据的收集。

③ 有哪些数据可以说明或证明？这一问题的答案通常在文章的结论部分，以及一些带有系列数据的图表中。不要受到那些对数据进行解释的段落的影响，仅仅看了一下数据即可。

医药代表在阅读专业文献时，通常应该回避文章的讨论部分。因为，你要自己得出结论，然后再看看作者的结论与你的结论有没有差异，差异在哪儿？为什么有差异？只有这样你才能真正读懂一篇临床文献，在与医生讨论时你的观点才更有分量！

真正读懂一篇临床文献的确需要下一番工夫，下列还有一些问题可以指导医药代表了解一篇临床研究报告的主旨。

① 文章最初的论点是什么？这个论点是否合理？该项临床研究的主要目的是什么？结论是否对应其讨论的疾病？对于急性疾病来

说，最初的论点应该是临床疗效；而对于慢性疾病如糖尿病，最初的论点应该是血糖的控制；如果是肿瘤，其最初的论点是生存期的探讨等。

② 该项研究处于什么阶段？是通过人体研究来检查药物的安全性（Ⅰ期临床）？还是药物的有效性（Ⅱ期临床）？还是与当前通用的治疗标准（Ⅲ期临床）比较？还是上市后的临床再验证（Ⅳ期临床）？不同阶段的临床研究会影响到样本量的大小，以及研究结果的讨论。

③ 研究方案是如何设计的？是试验性研究还是观察性研究？试验性研究与观察性研究之间在试验数据的要求上会有很大的差异。随机对照试验比无对照的临床试验更有临床价值。一份特定病例的报告可能就像一个临床故事一样，而以一个群组进行研究的话，可能就会更有临床说服力。

④ 得出的数据有临床意义吗？是否有统计学上的显著差异？P值是多少？总之，你能够相信的数据是一份真实有效的陈述，而不是归因于某种偶然性。P值低于0.05，则认为是具有统计学上的意义的；而P值超过0.05，可能就会被认为是受到偶然性因素的影响，或不具有统计学上的意义。除了统计学意义以外，数据是否具有临床意义？医生在评价一种药物的临床意义时，通常还会考虑其成本、依从性和不良反应等除疗效以外的因素。

医药代表可能不一定需要以研究者的身份去研究一份复杂的临床研究报告，但是去探寻一些有关研究报告的关键问题，就可以帮助你在专业上变得更有能力，成为更可信的医药代表。

如何提升推广的效果 060
以证据为基础的药品销售 062
用好临床研究数据促进药品销售 063
临床研究报告在销售推广中的价值 065
DA是如何起作用的？ 068
销售人员与市场人员对DA的不同看法 073

4

如何提升推广的效果

每天,都有大量的医药代表在竞争与医生面谈的时间。随着竞争的日益加剧,各医疗机构都在限制医生与医药代表见面的时间,这使得医药代表的有效销售拜访时间被大大缩短了,很多医药代表发现能接近医生办公室的机会越来越少了。

造成这个现状的原因是复杂的,由于一些医药代表的非专业行为,导致医生抱怨医药代表派送的资料是不可信的,一些消费者保护组织和医疗卫生主管部门甚至主张全面取缔医药代表的销售拜访,因为可能会干扰以患者为中心的诊疗决策。

对于那些正规的医药代表,当他们踏进拥挤甚至略有敌意的医院时,如何才能证明自己的价值呢?

通常情况下,公司的市场部和医学部会为一线销售团队准备丰富的推广资料。使用好这些资料,能够帮助医药代表与医生建立起沟通的渠道,并树立巩固的伙伴关系。那么,怎样才能使用好这些资料呢?

- 帮助医生回答患者的提问。医生可能会面对患者关于药品的很多问题,而现在开始的医生收取医事服务费的医疗改革会让医生必须面对患者更多的关于药品的问题,而帮助医生准备好回答患者的问题是医药代表一项非常重要的工作。医药代表需要准备充足的资料、参考文献以及一些关于患者询问的最佳答案。这样一来医药代表的拜访就可以给医生提供切实的帮助,可以减少医生对于医药代表的误会和敌意。
- 好好阅读推广资料。推广资料能够为医药代表的销售提供强有力的支持,产品经理提供的品牌资料和临床研究文献对医药代表是非常有用的,一定要反复认真阅读。这些推广资料常常包含着对医生处方产生重要影响的信息,包括每个产品的功效、安全性、不良反应、禁忌证、患者类型以及其他相关信息。医药代表在呈现这些信息时要陈述其背景，要确认这些信息没有任何的偏见，要关注临床研究的数据，避免夸大药品的功效。

- 向医生提供患者教育的资料。一般来说，品牌产品都会做大量的患者教育工作，包括客户关系管理、品牌忠诚度活动、疾病普及教育等。其实医生也非常需要厂家提供的患者教育活动。利用厂家提供的患者教育工具，能够有效地帮助医生建立良好的医患关系。所以，聪明的医药代表会知道医生需要怎样的资料，更好地帮助医生与患者的沟通。医生通常也会对这些患者教育资料作一番评价，因为这些资料毕竟是制药厂家汇编的。医生常常会认为厂家编写的资料肯定有利于自身品牌优势的展示。所以一定要提供有可靠的临床研究为基础的患者教育资料，并且向医生说明这些研究的背景和体现患者利益的地方。

- 提供可靠的治疗证据。患者和医生的口碑其实是产品最好的卖点，这要比许多推广活动的效果要好得多。医药代表要帮助公司的市场部收集这些取得良好疗效的患者资料，并且要发掘医生的治疗心得。市场部的产品经理要善于捕捉这些病例，并总结出可以用于推广的材料，来支持医药代表的日常推广活动，这对于医生的处方来讲也是一个非常好的促进。没有比真实的病例更有说服力的论据了，尤其是新产品。提供真实的病例能帮助医生找到治疗的感觉，最终能更快地掌握处方产品的技能。

- 提供医患沟通的训练。现在很多公司开始设计一些培训课程，帮助医生如何处理患者的反馈，更好地进行医患沟通。这些培训，有时会针对特定的产品和特定类型的患者，甚至会模拟医生出诊的场景。课程会设计一些通常患者会反馈的问题，通过培训师与医生之间的分析，帮助医生更好地处理患者对诊断、治疗和药物的疑惑。这样的培训项目会无形中增加医生处方药品的信心。医生也会对这样的活动非常感兴趣，会非常留意你们公司收集的各种各样的患者反馈。对医生来讲，他们会认为你们是在真正地从临床的角度帮助他，对你们产品的忠诚度自然会大幅提高。

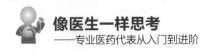

以证据为基础的药品销售

许多公司的市场部会经常为销售团队提供一些有关公司产品的最新临床研究文献,产品经理们会认为这些文献是一种最有说服力的销售支持工具,能够帮助医药代表改变医生的处方行为,医生会更多地关注和使用公司的产品。

但是,医药代表会经常遇到医生对这些研究的质疑:"这是你们公司资助的研究,当然对你们的产品有利,我不会相信这样的研究结果的。"尽管产品经理会说:"这是一项随机的,有安慰剂对照的双盲试验,非常客观。"但并不能解决问题,医药代表总是带着挫败感和一大堆抱怨回到公司,大多数产品经理似乎也无能为力。

这种情景是不是经常发生?尽管有时医生并不当面说明,但他们确实不相信医药代表呈送的临床研究。

其实出现这种现象很好理解:医生都受过医学院校和各种继续教育项目的正规训练,因此对医药代表派送的任何研究总是抱有怀疑的态度。因为大多数制药公司提供的临床研究在循证医学的标准上多处于较低的级别。循证医学的要求,导致了**药品销售一定是以证据为基础的药品销售**。

医生要求的临床研究包含了科学的研究方法、足够的病例和有价值的参考文献。医生通常还有一些严格的标准来衡量一项研究是否可以指导他们临床实践。

如果医药代表呈现了没有符合医生标准的文献,医生除了怀疑,不会留下任何好的印象。为了避免这种情景的出现,医药代表一定要了解医生的衡量标准。医药代表一定要超越过去的方法,合理使用文献进行拜访。这种拜访一定是以证据为基础的。

在这种情况下,医药代表必须能做两件事。

① 学习使用循证医学的标准,以批判的眼光去评价一项临床

研究。

② 善于使用循证医学的结果,让医生更关注特定的患者类型,而不是研究本身。

在医药代表接到一份新的临床研究报告时,肯定会先阅读一下论文文摘、学习由市场部概括的要点、确定这一研究要送给哪一类医生。运用循证医学概念的医药代表还会在呈送医生之前,用医生的标准再对这项研究的有效性和相关性进行一次细致的评价。

医药代表应该学会运用循证医学的概念与医生交流。我们知道所有的临床研究都不完美,而且绝大多数都是有缺陷的,因为科学就是不完美的。医生也只是要确定研究中是否存在有用的信息,是否能运用到他们的诊疗实践中去。医药代表要将统计学意义转成临床意义,并选择合适的指标与医生交流,就能影响医生的处方行为。

用好临床研究数据促进药品销售

凡是有关药品的临床研究文献,都会有许多有用的信息和数据。但要向医生说明这些有价值的信息和数据,就不那么简单了。将有价值的临床研究转换成有效的药品销售,是医药代表最主要的任务。

根据2001年的一份有关销售生产力的研究报告指出,业绩优秀的医药代表,是那些善于将有价值的临床研究转换成有效的药品销售的人。他们使用推广资料和揭示临床研究结果的能力,远远强于业绩一般的医药代表。

一项研究的临床价值有多少,医生是非常清楚的。用医生自己的语言讲就是事实、数字和结果。要提升医药代表在销售拜访时的可信度和价值,善用临床研究是关键,仅仅与医生分享关键的临床试验结果已经远远不够了。医药代表要学会有临床的眼光评价一项研究,发掘在医生看来有临床价值的信息,要将医生的注意力集中在某种特定类型的患者的身上去。

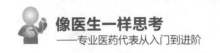

选择关键的信息是成功销售的第一步。通常我们都会查看一下临床研究的结果,并将重要信息转换成产品的卖点。但关键是,能否将研究的统计学特征转换成医生可以接受的有临床意义的信息。

例如,你产品最大的特点是每天只需服药一次,这个特征将带来的利益可能是患者将会有很好的依从性,医生可能更容易了解到患者的治疗结果。如果产品的特点是不良反应较低,相应带来的利益可能是患者在服药的同时,不用担心对工作生活中其他事情的影响。这就是医药代表在工作中要做到的,要始终发掘产品特性背后可能给客户带来的利益。在药品推广的生涯中,要把特征利益的转化当成一种习惯来养成。

药品推广的特点决定了传递给客户的信息都应该有临床研究的支持。而医药代表应该选择临床研究中的一组最重要的信息来支持他们的客户拜访活动。

制订拜访计划对于有效的客户拜访是关键的一步。要将有用的推广信息运用到销售拜访中,医药代表就要仔细阅读手头的所用临床研究文献,发现其中可以支持你的拜访和符合医生需求的要点,将它们与你的销售信息联系起来。

你可以在一张纸上,一边填写上临床研究的主要发现,在另一边填写支持这些发现的主要信息。完成这样的功课,将能帮助你理解医生和患者的真正所需;还能理解医生之间对一项研究报告的关注点也是不同的。这样做,能使你更好地计划你的客户拜访活动,使你的工作更加有效。

下一步就是实施你的拜访计划了。跟医生谈临床研究的主要发现和主要信息,当然是可以的。但进一步,要将这些主要发现和主要信息与特定的患者类型联系在一起。只有这样,你和医生的交流才会有临床相关性,因为没有临床相关性的交流是无法影响到医生的处方行为的。除非一个治疗领域里只有一个的产品,医生才会依据产品本身来开出处方。<u>强调与医生交流的临床相关性,医药代表的拜访活动才会真正有效。</u>

此外,实践证明有效的拜访不一定是一次较长时间的拜访。在较短时间内完成的销售拜访,也能有效地传递关键的信息。实际上,短拜访更能帮助你提及临床相关性，你会聚焦在一两个关键问题上。在一次拜访中，不要把所有的临床研究呈现都给医生，一方面医生记不住，另一方面，医药代表要创造拜访的连续性。

掌握一项临床研究报告，并提炼出哪些具有临床意义和销售意义的信息，是需要付出努力的。一旦医药代表掌握了其中的奥秘，他将是一名卓有成效的医药代表。

临床研究报告在销售推广中的价值

临床研究报告是极其价值的销售工具，如何发挥它们的作用，就是要像医生一样思考。

要发挥临床研究报告的销售价值，首先要学会分析临床研究报告的内容，其次要学会对这些内容进行分类。医药代表还必须学会用医生的眼光去看待一份临床研究报告。换句话说，就是不光要看"我"关注什么，还要看"他们（她们）"关注什么。

用医生的眼光去看待一份临床研究报告，就不能像有些医药代表那样：一上来就向医生展示这项研究的结论和相关数据，急于向医生说明他们的产品是多么的有效和安全。当医生在阅读一份临床研究报告时，他们会带着一系列问题的，例如：

- 这是一份高质量的研究报告吗？作者是著名的专家吗？是否发表在一份著名的杂志上呢？
- 该研究的患者类型与我碰到的患者一致吗？这些入组的患者有哪些特点？
- 研究报告揭示了什么？其结果有说服力吗？从这份研究中得到的结果与其他类似的研究一致吗？和通行的诊疗常识相符吗？
- 考虑到所有这些因素，这份研究报告的论据足以改变我对现有患者的处置吗？

医药代表为了发挥临床研究报告的销售价值，就必须了解医生是如何从临床研究报告中寻找答案的。让我们看一下临床医师一般会如何浏览一份临床研究报告。

- 摘要。就像整篇文章的路线图：它会让医生快速地了解整个研究中最精华的部分。最重要的是，摘要会指出相关研究的目的、样本的大小和最后的结论，医生会依据摘要的内容来判断这篇文章分量足不足，值不值得读下去。

- 导言。其中包含的信息可以回答"这是一份高质量的研究报告吗"的问题。作者会在导言里呈现研究中最重要的统计学结果，综述一下先前的类似研究状况，提出当前研究的关键发现和先进性。在许多研究报告中，导言还会含蓄地指出还未解决的问题。例如，糖尿病患者的依从性问题或高脂血症患者的某个指标未能达标等。导言还会对研究的目的和结论作简单的阐述。最后，还会对研究的背景作交代，指出对读者的临床实践会有怎样的帮助。这一点非常重要，是极具销售价值的信息。

- 研究方法。主要阐述该项研究的设计方案、患者类型和观察指标等所有的细节。这些信息会帮助读者判断该项研究是否可信和有用，研究的结果是否能够用于"我"的患者身上。

在研究方案的总体设计中，医生会更关注入组患者的数量，该项研究是否很好地进行了对照试验。例如，是否有对照组，是随机的吗？是双盲的吗？入组标准和排除标准是否描述了参与试验的患者类型等。医药代表要从医生的角度来看待一项研究：入组的患者是否与医生日常诊治的患者一致？他们运用的诊断方法是否也类似？疾病是否同样严重？是否是由同一种病原引起的？

对医生来说，最重要的是想知道研究中对特定类型患者的治疗评价：患者接受这个研究的用药剂量吗？患者是否还接受了其他的治疗方案？医生还关心研究中所采用的治疗方法的有效性和安全性问题。例如，结论的临床意义大吗？结论的评估可靠吗？在研究方法的部分，有许多值得医药代表与医生一起探讨的问题，医药代表如果抓住了关键问题，将对药品的使用产生巨大的影响。

- 结果部分。关键是要找到你的产品到底好在哪里。换句话说，比竞争产品好在哪里？要记住，医生是不会只看一篇文献的。他们会关注入组的患者是否具有代表性，如患者的年龄、性别、疾病的进展等信息。当医生在了解治疗的效果和安全性时，会对照其他研究的结论，判断是否真的具有统计学意义和临床意义。为了与医生探讨这些问题，医药代表也应该了解其他研究的结论。因为医生是在期待，如果同样的方法用于他自己的患者，是否具有同样的效果。
- 讨论部分。是有利于你产品的信息存在最多的地方。当然，也是医生质疑最多的地方。在讨论部分中，作者会解释研究的主要结果以及研究的临床意义。他们也可能讨论研究是否能达到了预期的目标，解决了哪些临床问题。

此外，他们还会努力推荐研究中使用的诊疗方法，并与其他研究的结果进行比较。如果出现了与其他研究的矛盾，作者就会提供必要的解释，甚至提出进一步研究的必要。例如，如果结果没有统计学意义，作者会注释该项研究需要扩大样本等。不管怎么说，与医生交流讨论部分时，医药代表需要准备大量的佐证。这是医生能够接受和改变治疗实践的关键。

知道如何阅读一份临床研究文献仅仅只是开始。医药代表常常面对的问题是，不知道对客户进行分类，将手头的临床研究文献和盘托出，尤其是在推广某些成熟产品的时候。因此，很重要的是要不断地更新手头各种临床研究报告，并依据客户的特殊需求，提供最合适的临床研究文献。为了知道哪篇临床文献最合适，医药代表一定要了解每篇文献的要旨，了解每个医生的处方习惯，读懂他们的需求，说明这篇文献对他们在临床实践上的意义。

而且，最好要准备多篇文献来说明同一个话题。很多情况下，多一篇文献是特别有帮助的。如果文献之间展现了对某个医学观点的演变过程，而推广的产品代表了最新的进展，医生会非常感兴趣的。你可以用一篇老文献来支持一篇新文献的结果。

还可以用不同的文献来强调治疗上的一些特殊问题。例如，一

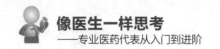

项研究对应一种患者类型,而另一项研究对应了另一种患者类型。当你同时展现这两项研究时,医生会对产品有一个更全面的了解,药品临床应用的范围就会扩大。

这就是用医生的眼光去看待一份临床研究报告。最后,在向医生呈现一份临床研究时,还有几点建议。

要做到:

- 了解临床研究的背景与目的、内涵与外延。
- 在研究的主旨上,是否与其他类似研究相匹配。
- 提供全部信息,但要让医生自己得出结论。
- 将研究的结果与医生的某个临床实践结合起来。
- 了解研究的优劣势,准备回答医生的问题和异议。
- 单一的临床研究不可能足以让医生处方——提供额外的资料,留下足够的空间,让医生了解该领域其他医生是怎么做的。

不要做:

- 使用没有文献支持的信息和证据。
- 将临床研究文献完全作为销售工具,扭曲和夸大研究结果。
- 强迫医生接受研究结果。

DA 是如何起作用的?

DA(Detailing Aids)是医药代表在药品推广过程经常使用的推广工具之一。也可称为推广辅助工具或视觉辅助工具。DA 可以帮助医药代表更好、更有效地向医生呈现产品的关键特征。

对于那些从事药品销售行业时间不长的医药代表来说,DA 就是一份有关产品的小册子,包含以下内容:产品功效、带有图表说明的临床数据、有关药品的剂量和用法用量的指南以及产品耐受性或安全性的信息。此外,DA 还包含了一些创意元素,如图像、标题、口号、结束语以及公司或产品的商标等。

DA中包含的信息还常常与产品所处的推广阶段和产品的生命周期有关,当一个品牌需要拓展一个新的适应证、一类新的医生,或者有新的竞争产品进入时,就需要更新DA的内容了。当一个新的临床研究显示出有利于品牌发展的证据时,往往也需要一份新的DA来辅助推广。对于一个成熟产品,也要不断更新DA,以保持医生能够对老产品的新鲜感。

制作一份DA的过程常常包含以下六个步骤:细分市场的分析、推广主题的建立、关键推广信息的发掘、创意的形成、创建DA草案及完成DA的制作。

有的公司还会增加一些步骤,例如进行品牌个性研究、在竞争环境中评估DA的有效性,让医药代表在医生中进行实地测试。

从一本DA或者DA的组合可以看出产品经理对所面对的市场和产品的理解,产品定位和阶段性策略具体是什么,还能从中看出逻辑思维能力与专业程度,并且往往反映了审美情趣与特点。毋庸置疑,透过对DA的认识,背后的公司个性与特点也就浮现出来:公司的专业性,公司实力,公司对临床研究的重视与投入程度,公司的审美风格与视觉识别系统等。

对于医药代表来说,有一个误区必须要小心,就是医药代表仅仅把自己当做一个快递员,把DA当DM(直递/邮广告)送到医生面前就完事了。其实,DA与DM最大的区别从它的英文原意就能看出来,DA是医药代表用来向医生讲解产品的辅助工具,DM只是邮寄给医生看就可以了。但在实际工作中,很多公司的医药代表并没有能充分发挥DA的作用。医药代表想要充分发挥DA的作用,根源还是要追溯到市场部对于DA的制作和管理。产品经理必须要认识到DA一定是能够配合医药代表讲解的,而DA的编辑设计服务商也必须考虑到DA是医药代表去演讲的辅助工具,所以编辑设计要能帮助到医药代表讲解。DA下发之前还要做反复讲解演练培训,DA下发之后要有一系列的管理手段去监督DA的合理使用。DA与产品策略关系是如此密切,所以说什么时候需要什么内容的DA大有学问,但总的来说它可以分成两个大致的类型:一种是对产品全面综合的介绍性DA,这样

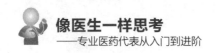

的 DA 一般是在产品进入市场的初期以及到需要总结回顾的阶段应用。另外一种类型是对特定问题的介绍：比如很可能是对产品某个显著特点的专题介绍，对产品某个适应证的专门推广，或者是回应市场特定问题、回应竞争对手的特别强调等。

制作出一份有创意的 DA，首先要进行细分市场分析。

当一个新药的Ⅲ期临床试验即将结束的时候，公司通常就开始着手准备该产品的临床推广资料了。因为Ⅲ期临床的结果，往往决定了该产品的主要适应证。公司在这个时候，已经可以合法地公开产品的特性和主要的市场诉求了。在这个阶段，公司的市场部已经开始与一些推广资料的前期设计者、创意团队和广告商合作，勾勒出未来医药代表将要使用的产品 DA、文献汇编和教育手册的大体轮廓。

此外，公司的市场部也会与一些市场研究机构进行合作，展开市场研究工作。对潜在的细分市场进行分析，这是 DA 制作中最关键的一步。

对潜在的细分市场进行研究，就是要确定在众多的细分市场中，哪几个是未来产品值得推广的领域。在这些领域中，要传递的关键信息有哪些，怎样的推广方式客户最易接受。

细分市场的研究常常涉及到定性分析和定量分析。初始的市场研究往往用来评价医生对品牌的态度和意见、产品特性、人口统计学特征等因素是否存在对品牌推广的障碍。企业首先要进行定性研究，来发现这些细分市场的存在，并识别这些细分市场中的关键特征；然后通过多变量的方法进行定量研究，证明这些细分市场的存在、大小和特征。

接下来，就是要确定推广主题。

产品的推广主题常常是围绕产品定位展开的 1～3 条简短的句子，希望能给医生留下深刻的印象，引导他们优先于其他竞争产品而适当地处方自己的产品。推广主题的陈述非常关键，因为这是所有后续市场活动的基础。对于细分市场的每一个客户，大多数品牌的陈述都应是统一的。

为了找出推广主题，市场研究机构通常会找一些特定的医生进行一系列探索性的小组焦点访谈，有时也会访谈一些意见领袖。先向医生讲解一下药物的进展,并要求他们提出对各种备选的推广主题陈述的建议。这些备选的推广主题往往总结了相对于竞争产品的独特优势。一些很有经验的市场研究机构,常常能绕过初始的阶段,在没有医生和意见领袖的建议下设计出几种可选择的定位陈述。

在专家的小组焦点访谈中,首先要让医生了解产品的全貌。这样,医生才能对产品的可信度、适用性、临床相关性、每一个陈述的独特性和动机有一个很好的了解,并且提出自己的意见。如果把握得好,医生常常还会对这些陈述提出重要的修改意见。一旦这些陈述的数量缩小到3～4个,许多公司还会做全国性的定量研究,来确定哪一个陈述是最有效的。

制作出一份有创意DA的第三步,是挖掘关键推广信息。

产品的推广主题代表了品牌的营销重心,是公司展开品牌推广活动的核心。公司需要确定如何有效与客户沟通这一主题,这就是关键推广信息的作用。这些信息意在捕捉和传递产品最为突出的卖点,并在DA等推广资料中很好地体现出来。

挖掘关键推广信息的第一步,一般要挑选20～30条可用的信息点。这些信息要通过大量的文献检索工作来完成,除了专业的医学文献外,还要发掘政府主管部门发布的信息,以及公司内部的资料。然后列出可以让医生一目了然的清单,并且通过适当的调研手段和方法,让医生来选出几个或几组最有影响力的信息。只有这样,才能保证将来的推广资料能够对医药代表的工作有帮助。

挖掘关键推广信息的第二步,就是要确定通过怎样的线索,将这些信息联系起来,最终要让医药代表好用,让医生愿意接受。所选的信息要能引起医生的关注,能让代表谈下去,利益的描述能指向医生和患者关心的问题,同时能够提前降低医生对药物潜在的担心和异议。

DA不仅含有重要的推广主题和关键的推广信息,还含有很多创意元素,如图像、标题、口号、结束语和公司或产品的商标等。一旦推广主题最终确定了,创意人员通常会创造出一系列有潜力的创意性概念,其目的就是要从视觉上引起医生的关注或帮助医生记住产品的关键信息。

有时,创意人员会制作好一套创意性的材料,市场调研人员将会通过一对一面访谈来评估这些材料。来了解客户对创意的反应，是否表达了推广主题，是否能够吸引客户的眼球，激发某种动机，是否有潜在的危机和麻烦等。

如果以上都过关了，就要制作一份不含图片的黑白DA样稿。测试不含图片的黑白样稿非常关键，因为被测试的医生往往会把图片看成DA最为重要的部分，而忽略了DA本身的内容和逻辑。这种测试的关键是要通过医生的眼光，发现DA的内容和流畅性方面的问题。但遗憾的是从目前来看，熟悉利用黑白DA测试的公司并不多。

最终产品经理要将黑白DA测试和创意性概念测试的最终结果转化成一份可用的DA。这一阶段主要是调整图形以及其他品牌元素、在措词上的修饰、确保所有元素之间的一致性等。还要模拟医药代表使用DA的真实场景，做最后的调整。最终，一份有创意并切合产品的DA就制作完成了。

除了一般的流程，有关DA的制作还可能运用的手段如下。

- 品牌个性研究。这种研究的目的是为了开发与品牌最为相符的品牌个性，评估出未来的沟通对象对品牌陈述的影响。运用在药品营销中，就是要确定哪一种陈述方式是最好的，能否将医生的最佳体验与品牌沟通的要素联系起来。
- 竞争研究。这一研究能帮助阐明在竞争环境下医生对一份DA的真实反应，能充分帮助检定一份DA的缺点。通过这样的研究，能够找到医生基于竞争对手的DA所提出的潜在问题。
- 实地测试。作为DA制作的最后一步，一些公司将DA的确定稿交给医药代表用于实地拜访。由医药代表提出DA是否有用、是否顺畅、优缺点以及医生的反馈意见等。

长期以来，<u>DA一直是医药代表用来说服医生的最为有效的推广工具</u>。制药公司在开发这样的推广工具时，需要进行的广泛而又系统的工作，关注医生的反馈和医药代表的反馈，是一份DA成功的关键。这一过程非常复杂、涉及多个步骤，通常需要花费长达9个月到一年的时间来制作一份有效的DA。但一旦制作出一份有创意性、内容准确的DA，就的确能带来医生处方行为的改变以及药品销售的增长。

销售人员与市场人员对DA的不同看法

常常会有医药代表抱怨,市场部提供的DA对拜访医生没有多大帮助。如何让DA发挥销售支持的作用,医药代表与市场经理的意见总是不一致。

医药代表会对产品经理说:

- DA定稿之前要多问问我们的想法。
- 删掉过多的华而不实的内容。
- 要多提供一些临床数据。

而产品经理会对医药代表说:

- 当医生提出异议时,不要把宝仅仅押在这些DA上。
- 只有深刻领会了DA的内容,才能在实际工作中熟练使用。
- 多反馈一些客户问题,以便我们展开讨论。

我们往往能看到这样的情况,医药代表在拜访医生时很少介绍DA的内容;而与此同时,市场部的产品经理又在不断地投入大量的时间和金钱,创意和制作这些推广工具。很多研究证明,当我们向客户推荐产品的时候,辅以视觉的辅助材料,会让客户更容易记住我们想要传递的信息。毕竟,当听觉的信息和视觉的信息同时起作用时,会帮助客户提高对信息的理解和记忆。但医药代表们为什么不能充分利用DA呢?

理论上说,用视觉辅助材料来补充医药代表的口头陈述是一个很好的方法。但我们发现真实的情况往往都是事与愿违,医药代表常常会抱怨:

- 我弄不清楚市场部给的DA到底要说明什么。
- 这些DA的内容太多,我只用最后一页的内容。
- 市场部能不能把钱花到其他更好用的推广工具上。

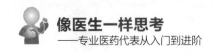

要解决医药代表的这些抱怨,我们就要同时从医药代表的视角和产品经理的视角来看待DA,这样才能说明DA的真实用处。

医药代表的视角

一年之中,医药代表都会收到很多有关产品的DA和其他推广工具,往往这些推广资料都是随某次销售会议下发的。在会议期间,公司会给予一段时间让医药代表们学习DA的内容,并且练习如何使用这些新的推广资料。有一些医药代表,为了使自己更快熟悉这些新的市场资料,还会做一定的笔记。

当医药代表就这个过程更加深入探讨下去的时候,他们开始关注DA是否真正有用的问题了。我们发现有一大半的DA没有真正使用过。一位医药代表告诉我们,不使用DA最主要的原因是当医生一看到这些资料,就会对DA上的信息产生怀疑。另一位医药代表则说,DA好像可信度很低,医生常常会认为上面所载的数据或图表没有可信的临床研究支持。医生对DA信息不信任的事实,造成了医药代表很少使用DA的现实。

当我们询问医药代表对DA的评价时,通常会听到这样的评语:

- 这些DA过于一相情愿,没有指明证据的来源,所以我只能用我自己的办法达成我的目标就行了。
- DA应与那些将要从我们产品中得到帮助的患者关联起来。
- 这些DA必须得到医生的关注,否则就没有任何价值。

产品经理的视角

当我们问及一些产品经理,为什么他们会制作DA时,他们会告诉我们:

- 我们制作DA,可以帮助代表创造拜访的连续性。
- 我们制作DA,是想要将产品与我们的目标市场联系起来。
- 在拜访客户时,使用DA是一种很好的开场方式。

4 沟通工具

● DA支持了我们的产品策略。

一般来说,产品经理会认为制作DA是为了提供产品的关键推广信息,同时体现产品的年度市场推广策略。

一位产品经理提到,她希望她的DA能够通过精美的设计来激发客户对产品的兴趣。她还要把更多的精力和资源投入到DA的创意中来,这样就可以减少医药代表和医生可能产生的疑虑。他制作一份新的DA时,会进行市场研究,与广告公司开会;但为了节省时间和金钱,很少与销售经理、政府事务经理和医学经理沟通。

产品经理会不假思索地说,他们期望医药代表能在每次拜访时使用DA。然而,有好几位产品经理告诉我们,他们也知道医药代表在拜访时,大都仅仅是口头上与医生沟通而已。"我很想让他们一直使用DA,但我不知道他们是否会这么做。"一位产品经理承认:"假如我可以把DA做得更好的话,他们也许会做。"

因此,针对医药代表和产品经理,我们有些建议来帮助他们改进DA的制作和DA的使用。

对医药代表来讲,最好的建议就是要让产品经理知道你的想法和医生的想法。有一位医药代表说:"如果产品经理问我的话,我会告诉他们什么是医生关心的,医生愿意接受什么内容;如果他们征求了我们的意见,我会好好使用他们做的DA的。"

医药代表对DA的第二个改善建议是:删掉华丽的内容。正像一位医药代表说的,"我的医生更关注与产品相关的临床数据"。

同时,产品经理们也有一些想法,让代表能够更多地使用DA。一位产品经理告诉我们,他希望医药代表遇到来自医生的阻力时,需要一些信心,继续使用他们手中的DA;因为市场营销活动是一个系统工程,DA只是其中的一部分,很多工作都在同时进行,所以都需要坚持一下才能有效果。另一位产品经理进一步说,市场部可以帮助医药代表设计一些探索性的问题,帮助代表在与医生讨论DA内容时使用。按照这样的做法,医药代表就可以量体裁衣地使用DA,针对不同的医生运用不同的沟通方法。

入门技巧

克服新医药代表综合征　078
重视客户拜访　082
药品销售要知己知彼　083
找到医院销售的增长点　086
与医生沟通时要注意的5句话　091

5

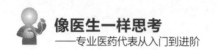

克服新医药代表综合征

一旦选择了医药代表这个行业，你就得面临这样的场景：在一个陌生的医生办公室里开始你第一次的客户拜访。其实无论对一个新代表，还是对一个已经很有经验的老代表来讲，在面临一个陌生的医生时，都会感到畏惧和伤脑筋。在对一个重要客户进行第一次的拜访时，所有的医药代表都想留下良好的印象，可是每一个新客户都是不一样的。对一个新代表来讲，如何通过人性化的第一次客户拜访展示个人风采，是通向成功之路的开始。以下的一些关键做法，也许对一个新代表能够有些帮助。

展现自己的个性

展现自己的个性是医药代表首次拜访的最好做法，不要刻意去隐藏什么。新的医药代表常常因为刻意要做专业的销售拜访而隐藏了自己的沟通风格。他们满脑子都是产品的推广信息，不敢遗漏任何一点细枝末节的东西。但是，医药代表不是药品公司的传声筒，没有个性的沟通是医生难以接受的。这样的医药代表，医生也很难信任他们。所以，从一开始就要展现自己的个性和沟通风格，与医生交流产品信息的机会自然会来。有一句销售格言说的好：人们总是从那些他们喜欢的人那儿买东西。在药品推广中也是一样的。

关键的前30秒

想象一下作为一名新的医药代表，开始第一天医院拜访的工作情景。当你振作精神,踏进医生办公室时,发现医生都在各忙各的事情,没人理会你的到来。终于有一个医生抬起头看了你一眼,你就赶紧向他介绍你的产品。可这个医生似乎连一点反应都没有,很快就从你的眼前消失了,他会记住你和你的产品吗?显然不会!这是没有经验的医药代表经常遇到的情景。**在拜访开始的前30秒,引起医生的注意是非常关键的**。首先,要设计一些自我介绍的方式,最好能让医生觉得你是一个可信的人。然后,还要设计一些简短的问题,这些问题的目的是要医生愿意花一些时间与你交谈,但要记住不要让医生感到太大的压力。最后,在结束的时候,要简单地提及一下你的产品,并对医生的关注表示感谢。不要奢望第一次的拜访就能有很好的结果。让医生很轻松地接受你的到来就是巨大的成功了,和医生相处的前30秒一定要做到这一点。其实一个人对一个新结识的人的总体印象,往往在刚接触的前30秒就形成了,而且先入为主,很难改变。

倾听、倾听、再倾听

许多新的医药代表认为探询就是简单地问一些事前设计好的问题,把这些问题从头到尾地叙述下去就可以了,根本不去理会医生的反馈,这种拜访的方式是非常具有破坏性的。其实,探询技巧的关键是倾听。倾听医生的反馈,并给予适当地回应,这种回应常常又可以跟着一个针对性地问题,这样的交流会让医生感到你的到来是有价值的。探询的价值不在你问了什么样问题,而是你如何回应医生的反馈,所以,**善于倾听是探询的关键技巧**。

多替医生想想

想象一下医生是如何开始他一天的工作的。当他走进诊室的时候,已经有几十个患者在排队了,手边的电话还响个不停。患者的病历还没有送过来时，各个公司的医药代表却已经到齐了。这时候，你该怎么办？作为医药代表，你的工作就是向医生介绍你的产品，可是要记住，在这种情况下，不打扰医生和护士的工作是最重要的。这时候如果你能留心一些，默默地帮助他们处理一些小事，减轻他们的压力，也许比你一上来就滔滔不绝介绍自己的产品要好得多。

产品知识与亲和感

许多医药代表认为，介绍产品知识是他们工作中体现"科学性"的一面，但这样做往往会影响与客户沟通时的亲和感。信不信由你，医药代表既能成为一个有知识的人，也能成为一个可爱的人，良好的人际沟通能力让你更受医生的欢迎，而产品知识让你走得更远。平衡好两者的关系并不困难，能够与医生交谈时找到社会层面和专业层面的共同话题是关键。

关注医生身边的人

在医院常常会听到一些护士在谈论某个医药代表时不满的表示，他常常连招呼都不打，就直接去找医生去了。要想真正在一个科室打开局面，就一定要关注医生身边的人。有时，医生身边的人甚至比医生本人还要重要，他们与医生之间的关系是一种多年形成的互赖关系，是影响医生处方的不可忽视的力量。有些医药代表总在纳闷："我和这个医生沟通得很好，为什么我的药总是用不起来？"问题也许就在这。

适应性沟通

相同的话题针对不同的医生，不能用同样的沟通方式。医药代表只有通过经验的积累和相应的训练，才能做到这一点。但是，在没有经验和没有相应训练的情况下，要记住这个沟通原则。客户是多变的，沟通要适应客户的变化。

围绕患者的需求来沟通

尽管当前医疗卫生环境发生了巨大的变化，但医生总是需要那些关于某种患者类型的最新医疗资讯。如果医药代表每次的拜访都能留给他们一些有价值的资讯，医生和他们的同事是很乐于接受的。把这些患者的资讯与产品的介绍结合起来。久而久之，医生就会与你交流一些关于他们患者的问题了，如果你的产品正好在这方面有确凿的优势，那你的机会就来了。

用医生的语言沟通

大部分医药公司在向他们的员工进行产品知识培训的时候，总是站在制药行业的角度评价一个产品。当一位医药代表用同样的口吻向医生介绍他们的产品时，固然勇气可嘉，但实在难以让医生接受。医药代表要发展自己的风格，给自己一次机会，在大谈产品之前，先从医生的角度消化一下产品知识。这样做，不仅能给人以更真诚的印象，还会给人感觉更专业的印象。

保持微笑

作为一名医药代表最难的事就是，面对医生保持真诚的微笑。当一个人心情不好的时候，微笑似乎违反了人的本性。一次失败的拜访往往能毁掉接下来所有的拜访。微笑可以帮助医药代表重新开始，关键是能否心存感激和谢意。

以上这些做法，对一名新的医药代表来讲已经足够了。这些建议都是经验之谈，虽然一开始可能难以都做到，但需要新医药代表锲而不舍的不断尝试。

重视客户拜访

大多数销售人员能够在销售过程结束时获得订单，而医药代表则不能。医药代表面对的客户是医生和护士，他们是不会下订单的（除非他们有权调剂药品）。当一名患者来看医生时，医生在诊断疾病的同时，会确定治疗方案和开出处方。因此有经验的医药代表会在推广药品时，会与他的客户探讨怎样的患者更适合使用自己的药物，然后确认客户是否能够识别这样的患者，并建议客户能够通过尝试处方来了解药物的优势。

在同一段时间里，医生一般会得到不少推广相同领域产品的医药代表的建议，所以每个医药代表不得不更加深入地开展他们的工作。但药品的销售和推广是一项艰难的工作。

大多数制药公司仍然会坚持使用医药代表，进行所谓的专业性很强的一对一拜访的药品推广方式。因为药品的推广，需要将特定的信息准确地传递给特定的专业人群，并且希望有效地影响他们。只有一对一地拜访，进行比较深入的使用专业语言的沟通才能做到这一切。

医药代表在进行客户拜访的过程中，每一个产品都会有一系列的信息需要传递。为了获得医生的处方，制药企业的市场部门常常会根据大多数医生的处方现状，和自身产品的特点，提出一个信息传递的路线图，也就是产品的市场推广策略。希望医药代表能够通过执行这个策略，来一步步地改变医生的处方习惯。

每个产品都有其关键信息，这些信息都会体现出产品的独特价值主张。市场部门会在销售工具DA中详细概述这些产品的独特价值主张。大多数制药公司都期望他们的医药代表能够充分利用这些DA，甚至期望代表们在每次拜访中能够一页一页地介绍给医生。

对于如何评价医药代表的绩效，越来越多的公司倾向于：不仅要看他们实际的销售业绩，还要看他们在每个产品上所花的拜访的次数以及向多少位医生传递了多少的关键信息。有些公司还会不时地进行市场研究，来评估客户所获得的关键信息的多少，依据医生的记忆能力来评价他们医药代表队伍的生产力。

大多数医药代表都会受到客户拜访率、活动目标等指标的约束。这些指标的完成，在某种程度上取决于每个医药代表的经验和他所在的销售区域的客户情况。考核客户拜访率是必需的，但客户拜访必须是现实的。很多医药代表东奔西跑，光去追求所谓的拜访率了，而没有对关键客户进行高质量的关键信息传递。

药品的特殊性，决定了医药代表对客户进行一对一的拜访还将是最有效地药品推广方式。单纯地以传递产品关键信息为目的的过程，我们称之为与医生建立专业层面上的合作关系。与客户建立亲和感、识别需求并用合适的解决方案来满足客户需求的过程，我们称之为与医生建立社会层面的合作关系。事实上，只有在社会层面取得了医生的认同，才能与医生在专业层面建立合作关系。即使是专业人士，也不会只要是单纯的学术推广就能接受。**医药代表客户拜访的趋势将是专业化与亲和感并重的客户拜访模式的建立。**

药品销售要知己知彼

医药代表在医院推广产品时，除了对自己的产品要有充分的认知，对于医院和医生也要有全面的了解。

例如，很多医院，甚至很多科室，都有自己常规用药的协定处方集。这些处方集是指导一家医院或一个科室的用药指南。对于医药代表来讲，首先要了解是否有这样一个处方集的存在，其次就是

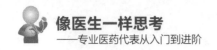

要投入大量的精力将自己的产品列入其中，没有任何其他事情能比将药品列入常规用药的处方集更能促进销售了。

在医院里进行药品推广，识别关键决策者是医药代表的重要工作之一。此外，还需将每一位客户以及他们所在科室的基本情况摸清楚。这需要医药代表们投入大量的时间和精力。医院里有各种各样的专业人士，对于医药代表来说，需要什么样的资讯才能在医院的药品推广中获得成功呢？答案是，通过了解医院的环境和关键的客户来发掘销售机会。

医院环境

一名医药代表可能会在各种类型的医院里做药品推广：社区医院、医学院的教学医院、公立医院以及其他类型的医院。医院还可以分成：一级医院（提供基本医疗服务）、二级医院（提供更高医疗服务）以及三级医院（通常是拥有先进技术和急诊医疗的教学医疗机构）。还可按专业分为个各种专科医院，例如儿童医院、妇产医院、心血管病医院等。了解这些医院的背景，将决定你的产品推广方式。但不管医院的性质有什么不同，你总是需要了解医院是如何构成的，为了使药品能够在医院里持续使用下去，需要与哪些科室和部门沟通？通常，我们需要从药剂科开始，每家医院的药剂科都有一些指南，介绍关于医药代表与医院各个部门特别是与药剂科沟通的行为规范。医院药品采购制度的实施使得这些行为规范变得更加重要了。如果药剂科不是药品进入医院的授权部门，那么就需要与那些有决策权的部门规范相适应。遵守医院的行为规范将是确保你和你的药品持续在医院使用的关键。

前面提到，很多医院都会有一份协定处方集，作为医院最基本的用药指南。医药代表要了解自己的产品和竞争对手的产品是否进入了医院的处方集。一般这种情况，医院会限制提供药品的厂家数量和药品数量。由医院的药事管理委员会或治疗委员会来决定处方集中的药品类型和数量。这些委员会的成员一般是各科室的主任,包括副院长、药剂科主任等,是医药代表必须了解和沟通的对象。

此外,医药代表还要熟悉哪家医药商业公司是这家医院关系较好的供货商和配送商。大型的医药商业公司会为上百家的医院提供药品服务,还会代表医院与制药企业谈判。找到合适的供货商和配送商将使医药代表的工作事半功倍。

关键客户

做医院内的药品推广工作,医药代表要确保与之对话的每一个人都应有处方的潜力或影响处方的能力。要在医院内推动药品的使用,医生、药师、护士以及其他专业人士都是重要的。医药代表需要沟通的对象是大量的,因此医学演讲和团队销售的技巧对于在医院做推广的医药代表是关键的技巧。能够形成医生、药师或护士之间的互动,是推动药品广泛使用的捷径。

作为药品在医院内推广的基础,一对一拜访医生是推动药品使用的关键。如果医药代表不能在科室里见到医生,就要在别处见到医生。但医生办公室还是最好的药品推广场所。有时,医院的餐厅会比其他地方的更有机会。而医生休息室、图书馆或病历室也可能是很好的场所。与其他的医药代表维持好关系也是很重要的,你的同行有时能为你见到医生提供指导和机会。

医生有处方权,但也不能低估护士的影响,是她们在管理药品和影响医生的决策。护士也是医生及科室信息的最好来源,她们会告诉你哪位医生在这个科室长期工作,还会提供每位医生的一手资讯。很多情况下,一些资深的护士由于与患者的接触时间更多,常常会对医生的处方提供宝贵的建议。

拥有优秀的药师也是一家医院获得声誉的关键。作为医药代表,当你要将一个新的产品列入医院的处方集时,会发现自己要经常与药师打交道。住院药房的药师都会直接影响医生的药物选择,因为他们每时每刻都会打电话给医生,要求他们更改处方中的药物，转换成医院首选的药物。药剂科的采购人员通常是最了解药品的人员，与他们保持沟通，应该也是关键工作之一。通过这些采购人员，还可以了解与医院合作的医药商业公司的情况，医药代表可以通过他们与这些公司建立起合作关系。与这些商业公司协同起来为医院的药事部门提供必要的服务和支持，也是非常有益的。

在一些医学院的教学医院，大部分的处方都来源于进修人员及住院医生。进修人员和住院医生在这些医院里都渴望在专业技能上获得的极大提高。在此期间，对于他们的处方习惯的养成也是非常关键的。就是由于这些理由，他们也是医药代表关键的拜访人员。此外，新毕业医生在医院工作第一年时，他们被称为实习医师或住院医生。对他们来讲，最有影响的人是总住院医师，他具有行政和教育的双重权力，对药物的使用也有很大决策权，而进修人员和住院医师都要遵照总住院医师的指导。因此想要影响进修医生和实习医生的处方习惯，通过总住院医师往往可以事半功倍。

通过以上分析，我们会发现，其实在医院里进行药品推广，医药代表们会发掘出无穷无尽的销售机会。最后，不要忘记将公司为你提供的资源和医院的具体情况很好地结合起来，这样能帮助医药代表创造机会、获得成功。

找到医院销售的增长点

作为一名医药代表，可能需要在不同类型的医院里从事药品推广工作。尽管医院各有差异，但总有几个关键人物和关键部门需要沟通。现在，让我们了解一下医院里的几个关键部门，看看医院销售的增长点在哪里。

- 药剂科。药剂科是药品使用信息的主要来源，能帮助医药代表制订医院销售的目标。药师能为我们提供具有影响力的医院领导的姓名、医院药事管理委员会成员的名单、竞争对手的信息和医院医师的处方习惯。他们也能通过招标和采购协议的谈判、院内学术交流、继续教育计划等方式介绍药品的研发或临床进展情况，从临床药学的角度鼓励医生使用新的药品。临床药师在药品的推广使用中会起到非常关键的推动作用。

各个医院大都会有自己的一份协定处方集，而药剂科主任通常就是医院药事管理委员会的一名成员，并且很可能是该委员会的秘书长、记录者或报告者。以这样的能力，他通常会决定该委员会何时召开，什么样产品可以进入医院的处方集。此外，药剂科主任还常常是医院处方管理委员会的成员之一。这在很大程度上代表了医院对药品的管理态度以及对医药代表及其供应商的政策。能否与药剂科主任建立具有亲和力的工作关系，将会影响产品在该医院的整体推广的广度和力度。

在医药代表与药剂科沟通时，有几个问题需要医药代表来回答：该医院药剂科的组织结构是怎样的？药剂科主任或主管药师的职责分工是什么？他们是如何影响你的产品在医院内的使用？药房主管的职能是什么？药剂科是谁负责库房？谁直接负责采购？医院的药品是怎样采购的（直接进药、采购小组、医药商业或其他）？药事管理委员会、处方管理委员会或治疗专业委员会的成员的组成？医院处方集上的药物是通过怎样的程序列入的？

由于药品是如何分发到医院住院药房和门诊药房的，会直接影响到医药代表下一步的推广策略，所以应该了解药品在医院内的输送管理系统。门诊处方与住院处方是如何调剂的？处方是如何送到药房的？医院药房是如何调剂通用药品的？药库在哪里？药品是怎样储存的？谁是住院药房补给单的填写人和申领人？谁是门诊药房的药品补给单的填写人和申领人？

记住！与所有的医院药师建立良好的工作关系，是医药代表获得药品信息、促进药品在医院内推广使用的最佳途径。

- 医院药事管理委员会。该委员会的主要职责是决定整个医院的药品使用和管理的原则与标准：哪些药物可以列入医院处方集中。很明显，这个委员会的工作对各制药厂商及其产品都是非

常重要的。

医院药事管理委员会的成员组成以及管理方式在医院与医院之间是有略微差异的，但运行原则的大部分都是相似的。委员会的领导常常是一位主管医院医疗工作的副院长，他常常是委员会决策过程中最有影响力的人物。

医院药事管理委员会一般由几个重点临床科室的首席专家组成。这些医生可能是医院临床科室的主任，或是由科室委派的主任医师，还有其他为临床服务的部门主管。这些委员意见是否能够被委员会接受，或多或少取决于他们所在科室的地位，以及药品的药理学特性与临床治疗进展的相关程度。如果有一位医生提到在他所专长的某个特定领域应该使用某类药品作为首选治疗，那么他就可能具有相当的影响了；如果该医生参与该类药品的临床研究，其重要性就更不用说了。

当医药代表被分配到一家新的医院时，应该先了解该医院的药事管理委员会成员。找到有哪些专家定期参加该委员会的会议，确认每位委员对该委员会决策的影响力，并与委员会所有委员发展良好的工作关系。当你一旦有一新产品上市时，在药事管理委员会批准之前，能与该委员会的委员坦诚对话，并陈述产品的特性是非常重要的。

与药事管理委员会的成员建立了工作关系，与他们探讨这些专家在药品疗效、安全性、依从性、联合用药、药品替代以及特定领域药物进展的问题，了解他们的观点；还要让他们对你和你的公司有一个充分的了解，分享他们在这方面的看法。

医药代表要定期与每位委员会成员进行沟通，将能帮助医药代表识别将药品列入医院处方集的有利和不利因素。如果有可能，可以要求这些委员在医院药事管理会议上提及你的产品；如果你的产品真的代表了一个新的治疗理念的话，医药代表还可以要求直接出席会议，并在会议上作有关产品的发言。

当你的一个产品被确认将送交药事管理委员会评估时，医药代表应该保证委员会的每位委员都会收到一套有关你产品的资料。如有可能，要与每一位委员讨论产品，并确认每位成员对你提供的资料都十分清楚了。对于最有影响力的委员，还要提供进一步的资料，以支持他的最后决策。

要想让药事管理委员会的所有成员都认可你的产品是非常困难的。如果有些委员不支持你的产品，也应该保持与他们的沟通，了解他们的观点，说明自己的观点。

重要的是：在某些情况中，一个产品的列入，很可能意味着另一个产品就必须从医院处方集中删除。所以，努力将产品列入医院的处方集实际上就是一种竞争手段。因此，如果有一个新的竞争产品进入时，医药代表必须保证自己的产品得到医院药事管理委员会的重新评估。

在医院药事管理委员会会议召开之前，确认你是否已找到了该找的所有人了。检查确认药师、供应商、临床协调人是否有更新。检查会议的时间、地点，确认药事管理委员会成员和支持者能否出席等。

检查一下主要科室的委员能否出席会议，因为他的意见和投票太有意义了。如果他们不能参加会议，应希望他们能够书面或委托他人陈述他们的期望和论证。在极端案例中，可以请求直到你的支持者改变会议的会期。

一旦你的产品被药事管理委员会批准，可以在医院内采用。医药代表应该与药剂科和供应商尽快联系，让药房开始采购产品。如果你的产品在药事管理委员会上没有被通过，也要了解反对意见有哪些，与公司探讨如何反馈这些反对意见，制订下一步的改善计划。

要将一个产品列入医院的处方集并不是靠一次拜访、一位医生的承诺就能做到的。它涉及的销售和管理工作会持续几个月，要与医院药事管理委员会的每一位成员，甚至重要科室的每位成员进行持续的沟通才能做到。

一旦产品顺利进入了医院的处方集和采购单上之后，医药代表工作重点将转移到大量的临床科室。面对如此众多的医生，该如何着手呢？与医院主管继续教育的部门合作，也许是一个很好的开端。

- 医学继续教育。医院的继续教育工作通常会由一个叫做医疗教育训练处的部门来负责。主要负责协调医院内的医学继续教育活动和批准继续教育项目的引进。医学继续教育的目的，是让医院的医生、护士、社会工作人员及其他专业人员了解他们各自领域的最新发展与趋势，起到了非常重要的进修作用。

作为一名医药代表，你的工作也是医院的医学继续教育工作非常需要的。医药代表提供的支持，能使医疗教育训练处通过大型研讨会、专题研讨会、病历讨论会、院内展示等形式开展各种丰富多彩继续教育活动，医药代表可以通过对这些活动的参与，将有关产品的临床应用进展，通过相关的医学主题传递给全院的医务工作者。

在解释为什么要参与医院的继续教育活动时，可能的原因会包括：为医生、护士、药师等提供多样化的继续教育项目，为医院节省继续教育的费用支出，鼓励合理用药，可以及时通报临床应用的新进展等。

大多数临床医生希望医学教育活动要具有临床的实用价值。这些活动可能都是使用印制好的、或录音、或由计算机支持的指导资料。这样的学习资料是专为医生独立学习而设计的，包括程序化的CME课程、光盘、录像带以及单独用或结合书面资料使用的计算机辅助指导教材。远程教育活动可能包括专论、杂志增刊、CD以及基于网络的活动、电视电话会议、视频会议等。在一些医院，某一个专业科室可能会负责全院医生在某个专业领域的继续教育工作。例如，药剂科可能会每个月向住院医生提供药学继续教育活动，介绍最新的药物治疗、一般的处方调剂错误以及某些药物治疗的用药推荐等内容。这也是医药代表与药剂科可以合作的机会点，医药代表提供的产品信息将会帮助药剂科组织他们的继续教育活动。

最后请不要忘记，增加药品在医院内使用的最有效的途径是一对一的医生拜访工作。以上这些工作可以帮助你在一对一拜访中取得更好的效果。想象一下，当你在与药剂科、药事管理委员会和继续教育部门沟通合作的同时，向医生说明产品优势地位，你的影响力将会有多大，产品在医院里的销售增长将是指日可待的事情了。

与医生沟通时要注意的5句话

医生在与外界交流的时间中，有相当一部是与医药代表在一起的。为了使医生与医药代表的交流更为有效，我们总结了一些原则，称之为"与医生沟通时要注意的5句话"。这些话是医药代表经常会对医生说的，但是并不十分妥当，应该用另外一些话来替代。

"您能在百忙之中抽出时间参加这个活动，我们表示衷心的感谢！"

这是很多代表在学术推广活动中经常用的开场白。但是不应该这么说，因为这话里有贬低自己、提高他人的暗含：医药代表与医生之间存在等级差异，暗指医生的地位就应该高于医药代表的地位。况且，医生已经听了太多相同的说法了，也会麻木的，所以他们会对此完全不予理会。其实在某种程度上，医生也应该感谢医药代表为他们提供的相互交流的机会。

所以，应该用一句简单的话代替："今天在这里很高兴见到各位，欢迎各位的光临！"

"我并不想让您给每个患者都开我们的产品，只要给合适的患者开就行了。"

当医药代表说这样的话时，医生多半会说："很好！"但医生

会在心里问："那什么是合适的患者呢？"除此之外，一些医生实际上认为许多医药代表的确要求所有的患者都能使用他们的产品，合适或不合适都要使用。所以，这种说法只能为医药代表埋下隐患。最终，医药代表浪费了本来可以给医生讲解产品独特利益的宝贵时间。

所以，应该这样代替：<u>"大夫，我的产品适合给这一类患者的治疗，因为……"</u>

"著名的张教授一直在用我们的产品，效果非常好！"

这句话隐含着"张教授"做的正确，而"您"做错了。这将可能会使你的医生产生抵触情绪，他可能给出更多的理由来支持竞争对手的产品。客户也可能非常不屑你的说法，因为著名的"张教授"不一定像医药代表说得那样。医生会认为，你这个人太喜欢说三道四了，会故意不处方你的产品，以避免成为你产品的广告代言人。

这句话没有可以替代的说法。这是告诉医药代表，不要在一位医生面前，随便提到另一位医生的做法。除非你说的话都是公开发表了的。

"大夫，我应该什么时候再来见你！"

通常，医生是没有兴趣让医药代表定期与他见面的，除非有什么麻烦事情发生了。

这句话的替代说法是：<u>"医生，我想在两周后再来见您，看看您尝试的结果。如有药物使用上的问题，我们保持联系，我会及时给您答复的。"</u>你现在是作为一位有决策力、有价值的专业人员离开的，暗示医药代表与医生之间是可以平等交流。

"我完全理解您的想法!"

人们通常用这样的表达来建立一种不同意的说法——完全理解,但不能接受。在医药代表身上就会表现为,理解医生不使用自己药品的理由,但不能接受医生这样的错误观点。

替代说法是:**"对于那种类型的患者,您的选择没有错!如果下一次您碰到了这样的患者,请您尝试一下我的产品,因为……"**

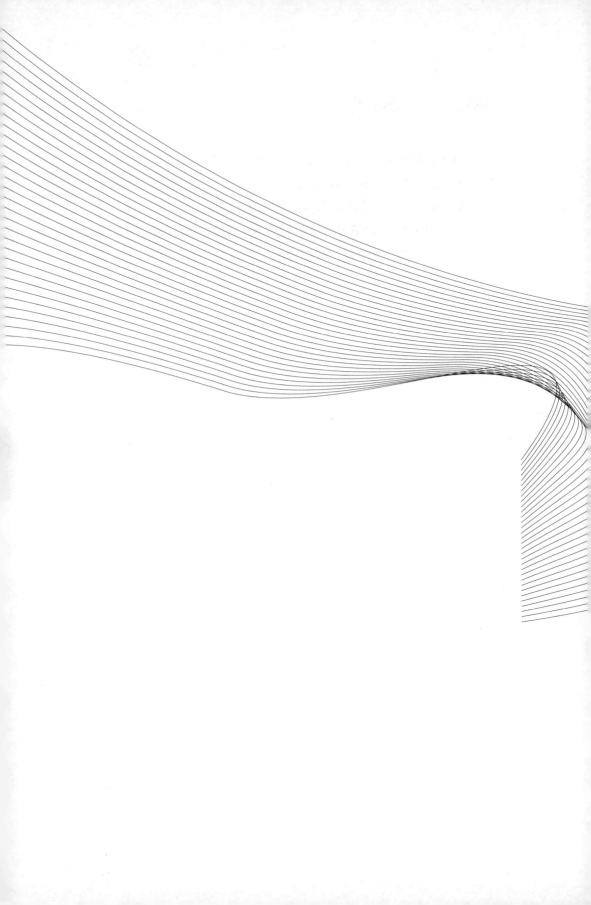

销售循环

成功客户拜访的6个关键点　096
做好访前计划　098
其他的拜访前准备工作　101
探询医生不处方的真正原因　104
缔结的技巧　106
重要的拜访后分析　109

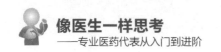

成功客户拜访的6个关键点

医药代表一次成功的客户拜访一定要包含6个关键点，只有在每次拜访中高质量地做到这6点，才有可能促使医生使用你的产品。这6个关键点分别如下。

事前计划好每次的拜访

计划的过程能够帮助医药代表理清每次拜访的思路，确立每次拜访的目标，预想好将要采取的步骤。还可以帮助医药代表回顾一下将要拜访的医生背景、兴趣爱好、在医疗领域的专长与观点、他过去以及现在的处方习惯、希望他行动的方向。

没有制订计划，意味着医药代表没有明确在拜访期间将要达成的目标。没有目标，就不能确定你的拜访话题能不能引起医生的关注。<u>没有计划，医药代表的拜访注定会失败。</u>

每次拜访只谈一件事情、达成一个目标

现在，医生都比几年前忙多了，大多数对医生的拜访只能持续3~4分钟的时间。在这么短的时间内，最现实的做法就是每次拜访只跟医生谈一件事情、达成一个目标。在医药代表的整个拜访期间，紧紧围绕预定的目标展开。例如，解释一项最新的临床研究结果，或描述一项新适应证的应用。

基于医生关注的问题,与他们探讨具体的事情

在医药代表接受的所有销售技巧培训中都强调,一次好的销售拜访,倾听比陈述更重要,可是好的倾听是要基于好的探询技巧的。常常在这些培训中,没有人能给医药代表们提供一些事前设计好的探询问题。在这里,我们也许可以给医药代表们一些提示,比如:"在碰到患者出现××症状时,您选择药品治疗的经验是什么?""在××情况下,您会选择什么样的药物治疗方案呢?""在您针对患者的××症状选择药物治疗时,能接受药物所引起的不良反应吗?"通过这些具体事情的讨论,医药代表会比他的竞争对手更接近他的医生。

与医生沟通,养成记笔记的习惯

在你与医生沟通的过程中,养成记笔记的习惯是非常必要的。通过记笔记,可以清楚地证明你在积极聆听医生的谈话。如果医生问了一个你无法回答的问题,你能通过仔细的记录来表达对医生意见的尊重。此外,你能通过笔记回顾你的拜访,帮助你总结一天所做的工作。笔记还能为你的下次拜访做好准备,当你再次拜访同一位客户时,笔记能帮助你创造拜访的连续性,可以提醒你继续上次拜访所提及的问题。

与医生沟通,使用视觉辅助资料

不管拜访的时间有多少,在每次拜访时尽量要给医生一些视觉上的冲击。能使用的视觉辅助资料可能是一份图表、一份调研报告或一份品牌提示物。而使用品牌提示物时,医药代表应该尽力将产品的核心卖点与品牌提示物的某个特征联系起来。这些做法有助于医生记住你的产品。

寻求承诺

向医生寻求处方,是每次拜访最关键的目的之一。医药代表与医生沟通时,必须要求处方,不然机会就会跑到竞争对手那里去了。要鼓起勇气,对医生说:"下次碰到类似的患者,请您尝试一下我们的产品!"其实,医生会认为医药代表的这种要求是一件很正常的事情,要让医生感到你非常希望他的行动。

医药代表一定要尝试着去使用这6个拜访步骤,直到成为与医生沟通的一种习惯。只有这样,医药代表与医生的沟通才能得到改善,才能变得卓有成效,才能提高产品的使用率。

做好访前计划

有句格言:"凡事预则立,不预则废。"这句话对医药代表非常重要,因为做好访前计划是医药代表工作最终能否成功的关键之一。由于现在医生变得越来越难以见到了,无论是对一位新医生的第一次拜访,还是对一位熟悉客户的第十次拜访,医药代表都要努力实现这次拜访的效益最大化。因此,制药公司的销售管理部门一定要确保每位医药代表都了解访前计划的价值,并熟练掌握如何做好访前计划,以及如何在计划中体现产品的市场推广策略。

一般来说,医药代表需要通过3个步骤,才能确保访前计划的有效性。

① 描绘医生,建立客户档案。
② 根据客户的特征设定拜访的总体目标。
③ 在总体目标之下,分解每次拜访的目标。

描绘医生,建立客户档案

无论是针对一位还没有见过面的医生,还是一位已经非常熟悉的医生,描绘他们的特征,为他们建立起客户档案,对于医药代表来讲都是一项非常重要的工作。从了解医生当前的处方习惯,到识别医生处方改变可能遇到的障碍,甚至医生的个人资料与喜好,医药代表都要做大量的情报收集工作。在这些情报收集的工作中,不光能体现一名医药代表的专业性,更能体现出一名医药代表的职业敏感性。只有对客户了解得越多,医药代表才能制订出真正意义上的拜访目标和拜访策略,最终使自己的产品成为医生医疗实践中的一种常规选择。

要让医药代表建立出完备的客户档案,首先公司需要让他们了解医生档案中应该包含的基本内容,例如医生处方的分析、医保政策或医院处方集的限制、典型病例讨论等。

紧接着,公司需要告诉医药代表如何获得这些信息。就拿医生的处方分析来说,很多公司的市场部门或市场研究部门都或多或少地拥有这样的报告,要教会医药代表如何通过这些报告的解读来了解这些数据背后医生的处方行为。典型病例的讨论也是一个非常重要的方法,可以通过一个真实的场景来了解医生的诊疗过程和施治思路,从一些蛛丝马迹中能够得到非常有用的线索,能使医药代表更有针对性地工作。

最后,就是建立客户档案。医药代表有两种方法可以选择:可以通过与真正的客户一起讨论,获得这些信息。或者制订一个虚拟客户的模板,然后在实际工作中去验证。虚拟客户的模板只能作为一个特例,但这样的模板给了医药代表工作的方向,使他们有了更多的与医生交流的话题,能够促使医药代表更加投入地了解每一位医生的真实情况。制药公司的销售管理部门提供给医药代表一个客户档案的模板是非常有意义的。

根据客户的特征设定拜访的总体目标

因为不可能通过一两次的拜访就能到达预想的效果,因此设立拜访的总体目标,是为了让医药代表在相对比较长的一段时间保持一致的推广行为。

医药代表拜访医生的目标大致会是:"使医生了解药品新的适应证,扩大医生的处方范围";"纠正医生对处方限制的不良感知,消除医生处方的障碍";"让医生了解一项新的临床研究结果,改变产品的竞争地位"等。不管具体的目标是什么,医药代表一定要明确拜访医生的总体目标,这样他们才能知道该采取怎样的推广策略。

就像建立客户档案一样,制药公司也需要提供一些培训,来帮助医药代表正确设定对每一位医生的拜访目标。或许可以根据医生不同的认知阶段和处方阶段,设计一系列的场景,来训练医药代表根据不同的客户特征制订不同的拜访目标和推广策略。要知道,针对不同类型的客户,采用相同的拜访方式是非常危险的。有针对性的训练能保证医药代表在进入真实的场景时不至于束手无策。

在总体目标之下,分解每次拜访的目标

设定了拜访的总体目标,接下来分解每次拜访目标的工作就开始了。对于每一位医生来讲,要改变现有的治疗观念和处方习惯都不是一蹴而就的。首先可能要做的是降低医生对改变处方带来风险的顾虑,其次才是使医生认识到改变的益处,最后才可能是强化医生改变的行为,这是一个相对比较漫长的过程。

制订这样的计划需要医药代表阅读所有他们收集到的信息,识别什么是客户最关注的点,据此找到与他们沟通的最佳途径,帮助客户获得他们最重要的利益。

与其他两步一样,医药代表也需要在这个方面得到一些具体的训练,因为这个步骤是最难的。这时候,产品经理和地区销售经理

的有针对性的辅导是很关键的。

成功是给那些有准备的人的。要使医药代表在拜访医生时充满信心，就要让他们了解客户所处的状态，不断完善更新客户的档案；并能为客户的拜访设定整体的目标，以避免走太多的弯路；在大目标下细化每次的工作，确保在每次拜访客户时都能有效推进他们的工作。

其他的拜访前准备工作

对于医药代表来讲，花时间在拜访前做好准备，与实际拜访是一样的重要。当与医药代表谈到时间管理或销售区域管理的时候，很重要的一项工作就是做好拜访前的准备工作。由于医药代表每天能够真正与医生在一起的时间是非常有限的，如果他们按照一些高效的程序去工作，他们就能将工作时间管理得更好。专家指出，销售的敌人是缺乏时间和浪费时间。当医药代表被许多细枝末节的小事淹没，没有设定做事的优先次序，或者做事拖延、或者毫无计划的话，宝贵的拜访医生的时间就可能被浪费掉了。

良好的时间管理涉及很多方面。其中之一就是目标的设定，医药代表应该考虑一下工作的长期目标、短期目标、个人的生活目标、个人的业务目标，然后分出优先次序来，关注最重要的事情。一份做事的清单也是时间管理最重要的工具。每天，在规定的时间里要按照做事的清单有步骤地开展工作，并应该根据需求随时更新这份清单。

一次良好的拜访前准备，始于对以往医生拜访记录的充分回顾，良好的准备还需要医药代表挑选出计划拜访的医生，然后依据上次拜访的记录决定这次拜访的策略。除了回顾医生的记录之外，制订拜访策略还需要参考的信息包括：当前公司产品的主要推广策略、推广工具和推广活动、客户目前对产品的认知状况和处方习惯、竞争对手的行动策略等。综合这些信息，医药代表应该围绕当前医生处方的主要障碍以及自己产品的新增长点来制订拜访策略。

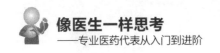

在做拜访前准备的工作时,有三套工具非常有用:拜访路线图、目标医生档案和既往拜访记录。这三个工具能帮助医药代表的工作变得十分高效。

使用既往拜访的记录,挑出其中处方潜力大的"A级"医生。在当今快节奏的社会里,花在交通上的时间越来越多了。所以不难理解,在给定的时间内,医药代表首先必须要将临近区域内的所有"A级"医生都拜访到。

接下来就是制订拜访路线图了,其应遵循的原则包括:每天要拜访到至少两名"A级"的医生、努力围绕具体的事情安排行程。在你拜访的路线里总有几位支持你的医生,总还要安排一些新的医生。在拜访的路线里要穿插不同的拜访,有新的拜访,也有对既往拜访的跟踪,不要让对客户的拜访占满整整一天的时间,要充分留出计划的时间,整理一下做事的清单。

如果医药代表能够每天都在一个相对固定的区域内工作,将会节省大量的时间和费用。地理位置比较近,也容易将区域内所有的"A级"医生召集起来,举办一些推广活动。对于"B级"医生和"C级"医生也是一样的。当然,除了地理位置,也要考虑拜访时间。通过这样的拜访规划,就能很好地管理好医药代表每天的工作时间了。

医药代表为每个月的所有工作日都应该建立这样的工作计划表。他们可以根据辖区医生的数量和推广周期制订出一份尽量长期的拜访路线图。按照这张拜访路线图来完成日常的工作。

在完成了对客户拜访的整体规划后,下一步是准备单个的客户拜访了。单个客户的拜访需要具备良好的销售技巧和选择个性化的拜访策略。为了达到最大程度的成功,医药代表需要关注以下几个方面的问题:拜访目标、开场陈述、探询需求、特征与利益的转化、可能的异议及对策以及缔结策略。

医药代表应该在走进医生办公室前就要考虑好每个环节的实施办法。

- 拜访目标。包括这次拜访想让医生做的事、要求医生采取的行动以及希望获得的成果。

- 开场陈述。得体的开场陈述可以迅速建立起与医生交流的平台，引起医生对你的关注，可以帮助医药代表获得与医生进一步交谈的机会。开场有时可以很轻松，比如谈谈大家共同的爱好；有时也可以非常严肃，比如一个正在争论的学术问题。不管怎么样，一切都是为了能让谈话继续下去。

- 探询需求。探询是为了帮助医药代表确定医生的需求和处方产品时潜在的障碍。探询有两大类型，开放式探询和封闭式探询。以下例子是一些提示。

  ① "医生，对于出现X症状的Y类患者，您的治疗方案是什么？"（开放式探询）

  ② "在选择××产品时，你最关注的是什么？"（开放式探询）

  ③ "对于年龄较大的患者，治疗的依从性的确是一个问题，因为他们很可能忘记服药。我们的产品每天只需服用一次，您觉得我们的产品可以解决患者依从性的问题吗？"（封闭式探询）

- 特征与利益的转化。特征是指产品的固有性质，比如产品是什么、含有怎样的成分、产品的剂型等；利益是产品给患者或医生带来的好处，比如快速缓解症状、使用方便或可以放心与其他药物合用等。医药代表需要通过探询，将产品合适的特征与医生或患者最关注的问题联系起来。特征与利益的转化必须与医生的需求相联系，这样才能最大限度满足医生的需求。

- 可能的异议及对策。一位优秀的医药代表总是在拜访过程中准备好应对医生可能提出的异议。医生的异议往往是对产品感兴趣的表现。医药代表应该欢迎而不是害怕医生的异议。这里有一个简单处理异议的四个步骤，非常有效。

  ① 聆听。让医生对异议解释完整，尽量让他们说出心里话，不要打断他们的抱怨。

  ② 用探询澄清事实。重复医生的异议，要求医生确认其异议。

  ③ 心领神会。软化异议，表现出重视并认可他们的异议。

  ④ 反馈。回答他们的问题。

- 缔结策略。所谓缔结就是要与医生达成某种约定。医药代表最常用的缔结策略有5个，包括直接缔结、总结性缔结、假设性缔结、选择性缔结和试探性缔结。

直接缔结就是直接要求医生给予处方；总结性缔结是通过产品特征与利益转化来完成的；假设性缔结是假设某种情况的发生时要求医生处方；选择性缔结可以让给医生在不同治疗方案之间做出选择；试探性缔结是要求医生关注某些特定类型的患者而得到处方的过程。

使用哪一种缔结策略要取决于当时的情况。但无论如何，医药代表在结束拜访时，都应该能够与医生达成某种约定，要求医生采取某种行动。

探询医生不处方的真正原因

各种对医药代表的培训都强调，拜访中探询的技巧是非常重要的。但是在实际工作中，很少有医药代表能够很好地使用探询技巧，即使是那些成功的医药代表，探询医生需求的工作也常常做得不足。

要很好地使用探询技巧，就必须学会两件事：一是学会有目的地去探询，二是学会使用"聪明的问题"。

首先需要先澄清一些概念。

探询——仔细地并且彻底地调查事情发生的原因。

既定目标——期望通过与客户的沟通达成的某种共识或成果。

"聪明的问题"——指向性非常明确的问题，对方的回答能够很好地帮助提问者达成既定目标。

有很多医药代表在他们负责的区域，根本就不知道他们能否可以取得最佳的销售业绩。他们经常毫无准备地走进医生的办公室，又毫无收获地离开。好的医药代表总是带着结构化的问题和更为有效的策略走近医生的，这里面常常包含着一套有效的探询方案。

每一位优秀的医药代表都会通过提问来获得更多信息。但提问只是事情的表面,关键是要通过提问,更好地了解医生的真实感受。通过探寻技巧,医药代表是能够了解到医生的真实感受的。许多医药代表都会非常迷惑,医生已经对产品了解得非常透彻了,但就是不处方产品。发生这样的状况,经常是因为医药代表还没有打开医生的心结。也许是你的公司曾经给这位医生留下了不好的印象,也许是这位医生并不认可医药代表做事的方式。这时,有一个很好的问题可以提给医生:"您觉得我们产品的特点在哪里?如果要处方的话,您最大的担心是什么?"如果你的语调语气让医生感到足够真诚的话,他很可能会说出他对产品的真实感受的。如果问题的回答还不够直接的话,还可以进一步探查:"如果我们在哪些方面做出改进,您就能尝试一下我们的产品了?"

没有一条捷径能够将一名医药代表变成一位超级销售员。但是掌握有目标的探询技巧,虽然很困难,但却值得去做。

对于许多人来说做出改变是一件非常困难的事情。但是,改变总是会令人兴奋的。每个人都渴望做出改变,这样可以尝试一些新的事情、持续的学习、引入新的思路和面临新的机会。

改变的目的不仅仅可以把事情变得不同,更可以把事变得更好。改变可以把人推向更高的水平,让人找到更为有效和成功的方法。医生也是一样。

有时候,医药代表可能无论如何也找不到线索去完成自己的销售任务。但只要坚持你的既定目标,解决方案有时会自己找上门来。曾经有一位重要的医生找到一家公司的医药代表,表示想尝试一下该公司的产品。对于医药代表来讲,这是一个非常难得的机会。但当这个公司的医药代表去拜访这位医生的时候,他却说他已经不需要该公司的产品了。医药代表凭着本能去说服这位医生,想证明医生的决定是错误的。但他很快意识到这么做根本行不通。于是,他使用了探询的技巧,问医生:"您电话里提到我们的产品时非常兴奋,是什么打动了您呢?"医生列举了他当时的感受,最后还是决定尝试一下该公司的产品。这就是坚持既定目标的价值:强化医生对产品的正向思维,而不是负向思维。

对于坚持既定的目标,给医药代表最好的忠告就是把探询的问题

像医生一样思考
——专业医药代表从入门到进阶

做得越具体越好。比如我们的目标就是要了解医生对产品不良反应的担忧，或者医生对价格的误解，或者对公司的某些推广行为的看法等。

对于绝大多数医药代表来说，他们经常犯的一个错误就是他们的假想太多。他们假设自己知道医生在开处方时想些什么，感受如何；他们假想医生没有时间与他们谈话；他们假想已经了解了医生的需求。实际上，在没有探询之前，医药代表不能假想任何事情。

从成功的医药代表那里，我们得到了一些用于探询的"聪明的问题"。

- 医生，对于××产品来讲，您最看重他的哪个特点呢？
- 在使用上，××产品最大的问题在哪里？
- 您在尝试一个产品时，通常会参考什么资料，在乎谁的意见？
  （几乎没有医药代表问这个问题）
- 我们做怎样的改善，您就有可能尝试一下？
- 在患者处于何种状态下，最适合使用××产品？
- 您觉得我哪里做的（说的）不对？
- 您最欣赏哪家公司的医药代表，他们是怎么做的？

在没有了解到医生对产品和对医药代表本人的真实感受时，医药代表就不可能知道医生不处方的原因。因此，对于医药代表来讲，探询的技巧是如此的重要！因为只有通过不断的探询，才能持续推动医生的处方进程，医药代表才能最终获得更多的处方。

缔结的技巧

大多数药品销售专家认为，一次有效的缔结可能是医药代表拜访活动中最关键的环节。为什么呢？因为促成医生处方，是医药代表最重要的工作之一。但是大多数医药代表在面对客户的时候，出于各种原因往往不愿意做这件事情。向医生提出要求，其实是一件非常简单的事情，可即使是最有能力的医药代表也会从心里感到害

6 销售循环

怕,不光是担心医生会拒绝,更会担心医生不置可否。

我们发现,一些性格比较激进的医药代表在向医生要求处方时表现得非常急切。我们常常会听到他们这样要求医生:"你能帮我再用10盒药吗?"或者"医生,上个月你怎么只用了5盒药呢?这个月能不能再多用5盒?"这种对医生的要求,无疑是苛刻的和无礼的,会使医生感到非常不舒服。大多数医生会感到这样的代表商业味太浓,反而会减少他们产品的使用。一味的询问处方量对大多数医生来说,会觉得医药代表只关心他自己的销售数量,过分这样做会伤害医生的权威和患者的利益。

而对于那些性格比较软弱的医药代表,他们会常常感到自己没有权利向医生要求处方。这样的医药代表希望通过与医生的多次沟通先赢得医生的信任,然后再向医生要求处方。这些医药代表害怕打破他们辛辛苦苦建立起来的与医生之间的脆弱关系。但这种关系和信任的建立,可能要花费一个医药代表很长的时间,以至于他们已经没有足够的时间来完成他们的销售目标了。由于这类医药代表的胆怯,错过了很多获取医生处方的机会。

还有一些医药代表,他们从来不向医生要求处方。是因为他们相信他们的产品力、他们的个人魅力和良好的沟通技巧,以至于他们认为不向医生要求也能获得处方。事实是,医生从来不会将太多的处方留给这类医药代表的,因为他们没有要求。其实这类医药代表的内心深处还是害怕医生的拒绝,在关键的时刻表现得过于软弱。

以上的事例说明了大多数医药代表对缔结技术有着深深的误解,也不会使用缔结技术。

下面将介绍一些在拜访医生过程中常用的缔结技术。

- **假设性缔结**。顾名思义,假设性缔结的前提就是医生对产品已经比较认可,医药代表可以假设医生已经做出处方产品的决定了。在这种情况下,医药代表就可以采用假设性缔结技术。这时,医药代表可以对医生说:"当您给患者开药的时候,请您一定要注明每天三次,餐后使用!"或者还可以跟医生说:"请您提醒一下护士,可以在给患者输液时一起使用!"总之,假设

性缔结就是可以设想医生已经处方产品了，医药代表要做的就是很自然的在药品的使用上多关照几句。

- 选择性缔结。与假设性缔结不同，选择性缔结用于医生还心存疑虑，或者还有异议需要医药代表处理的时候。在医药代表拜访医生的过程中，无论是开始时、中间时，还是结束时，都需要随时处理医生的异议。许多医药代表常常消极地对待医生的异议。其实，医生有异议未必是一件坏事。如果医生提出疑虑并等待回答，这是表明他们真的对产品感兴趣。医生需要没有负担地开出处方，因此立即消除他们的异议是非常重要的。如果没有很好地回答他们的问题，医生会认为医药代表试图在隐藏产品的某种缺陷，医药代表将失去重大的机会。医药代表要直面医生的异议。其实从来没有一个完美的治疗方案，选择性缔结就是要让医生在不同治疗方案之间做出选择。比如，可以这样缔结："疗效迅速的药物，患者的耐受性会差一点；而考虑到患者的耐受性，往往需要使用起效温和，作用持久的药物。"

- 试探性缔结。试探性缔结是一种极其有力的缔结方式。这种方式很容易让医药代表与医生在某个具体问题上达成共识。试探性缔结还可以揭示医生潜在的异议，让医药代表有更多的机会消除医生对产品的误解。

试探性缔结还可以测试医生的承诺是否具有可执行性。在每次异议处理之后，医药代表都可以试探性地缔结。如果医生不同意的话，医药代表还有机会进一步探询医生的真实意图，直到医生给出真正的可执行的承诺。例如，"大夫，您看我们的产品的确能够较快地起效，这可以帮助患者更快地恢复他们的日常活动能力是吧？"如果医生并没有正面回答这个问题，说明他根本不关心药物的起效速度，医药代表就知道他还需要做更多的工作，才能解除医生的疑虑。医生在没有解决他们的疑虑之前，是不可能做出一个真正的处方承诺的。因此，医药代表是值得花一些时间来消除这些医生的疑虑的。

一旦医生所有的疑虑都被很好地消除了，最终的缔结才能完成。但在这之前，使用试探性的缔结技术，很可能医生已经开始处方产品了。像"医生,尽管药物起效的快慢并不是治疗的关键,但毕竟会让患者很快感到症状得到了缓解,您是否可以考虑试一下呢?"这些问题将能引导医生对药物的认知,对一些特定类型的患者,医生是会觉得可以一试的。试探性缔结会很容易帮助医药代表打开局面。

- 总结性缔结。医药代表已经做了专业的产品介绍,所有的医生疑虑已经处理,试探性的缔结也得到肯定的回答。下一步就是要求最终的承诺。这对于医生和医药代表来说都是很自然的事。现在就很容易问:"医生,您考虑给哪些患者使用我们的药物?"这类问题一般使用在产品特征和利益陈述完成的时候。在获得试探性缔结的所有积极肯定后,医生将会再次做出正面的反馈的。

就像一本好书或一部精彩的电影,戏剧性的结尾往往来源于前期大量的铺垫。成功地获得处方也来自于有计划、有步骤的工作,赢得医生信任和尊重,做了一次完美的产品介绍,令人满意地回答了所有医生的疑虑。当然,更包括最后的缔结。当医生全面了解并认可了产品后,获得医生的处方自然就水到渠成了。

重要的拜访后分析

善于总结工作中的得失是非常重要的。每次拜访后及时总结拜访中的得失,可能成为医药代表提升业绩的关键。

通常来说,拜访医生后的总结分析由以下几个步骤组成。

步骤一:检查自己做得正确的事情

在拜访结束后,要在回家的路上反思一天的工作,问问自己"今天,我对医生的拜访在哪些方面做得令自己满意?"看看是否做到了以下的一些关键问题。

- 是否制订了访前计划？
- 是否触及到了医生的处方行为？
- 是否在内心里或者口头上与医生达成了某项共识？
- 在拜访中是否发现了医生的某种疑虑？
- 是否已经解除了医生的这种疑虑？
- 有没有让医生感到不便或厌烦的事情？
- 是否有效地回答了医生所提出的问题？
- 做缔结了吗？

无论这次拜访是成功的还是失败的，在每次拜访后，总结一下这样的问题是非常重要的。在一次成功的拜访结束后，大多数医药代表往往不会去做总结，常常匆忙地记录一下，就赶着下一次拜访了。当失败的拜访发生后，医药代表往往又倾向于过度的反思，把自己当成最差的医药代表了。其实，对成功拜访的总结经常比对失败拜访的自责能学到更多的东西。

因此，医药代表结束拜访后，首先要专注于总结做得好的地方。例如，你可以写："刚刚与毛大夫吃完午餐，按照拜访前计划谈论了依从性问题，处理了异议，毛大夫承诺愿意试一试，下周跟进他试用的情况。"

步骤二：了解自己做得错误的事情

当你诚实地回答了上述问题后，问一下自己："我这次拜访哪里做得不好？"。即使是一次成功的拜访，也可能有一些方面需要医药代表去改善。在拜访记录中列中需要改进的地方，在下次拜访前回顾一下，争取能够在下一次有机会来弥补。

有时，弥补工作中的失误是一件让医药代表沮丧的事情。如果面对的负面问题太多，会失去工作的方向和动力。只关注最重要的三件事去做，会比较好一点。三件事中，有两件是需要进一步发展的，有一件是需要努力弥补的，这样就会更好一点。如果每天都这么去做，一定会有好的结果的。

步骤三：多问自己几个为什么

了解了自己什么地方做得正确，什么地方做得错误，下一步就要问问为什么了。比如："为什么这次拜访没有带足资料？"也许是因为太过匆忙了，也许是因为交通不便，也许还有其他更多的理由。然而，如果对自己诚实的话，医药代表应该去找到其他方面的一些理由。正确面对这类问题，可能需要从临床的角度去寻找，医药代表可能会说："我不喜欢看临床研究文献，太枯燥了！"从工作中自己不喜欢的方面，可以找到自己不成功的真正原因。

步骤四：制订一份行动计划

如果医药代表在制药公司工作了多年，一定会熟悉POA这个术语：plan of action。POA通常是制药公司的管理人员用来部署公司下一步的营销策略和推广计划的。就像公司的管理人员制定POA一样，医药代表也应该做自己的POA。在回顾了得失背后的原因后，制订一份行动计划就是自我改善的关键了。

前文中提到，在一段时间内，医药代表应努力改善的事情不宜多于三件，所以医药代表的POA也应该尽量简洁明了。我们建议医药代表应该与他们的上级主管沟通他们的POA，使之成为团队共同的目标和计划。当医药代表的主管了解了医药代表的POA后，他就知道从哪些方面帮助医药代表改善了。尽管医药代表的主管不是每天与他们在一起工作，但与主管保持沟通却是非常重要的。

这就是医药代表自我辅导和提升的方法，在每天结束拜访工作后：问一下自己什么做得好，什么做得差，为什么会这样；如何可以进一步改善，制订一份个人POA，与上级主管去分享，得到他的帮助和支持。

四种处方决策风格　114
锁定目标客户　117
客户拜访的数量和质量　121
确保信息传递的有效性　126
完美探询的技巧　130
实施高效缔结　132
如何与医生沟通？　134
拜访医生时要做什么，不要做什么　137
"别只是盯着医生"　139

7

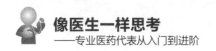

四种处方决策风格

就像普通人一样,医生也分成不同的类型。医药代表每天也会遇到各种不同类型的医生,以下一些情景也许是医药代表经常碰到的。

情景1:有些医生总是匆匆忙忙的,他们谈话也总是直截了当:"今天见我有什么事?"如果没有正面回答他们,他们会立刻走开的。

情景2:医药代表花了很长时间,终于见到了区域内最重要的一位医生,这位医生的学术地位很高,能够直接影响其他所有医生的处方行为。刚一交谈,这位医生就断定医药代表又在老生常谈,没有任何"新的"东西给他。在拜访的剩下时间里,总是顾左右而言他,医药代表只能跟着他谈一些"没用"的事情,然后黯然离开。

情景3:医生办公室里有一位医生正在看报休息,当医药代表凑过去一看,发现这位医生关注的是股票行情。而这位医药代表对股票一窍不通,不知是否可以打断医生,开始他的拜访了。

情景4:医药代表安排了一次客户答谢活动,参加的医生对活动的各方面安排都非常满意。当医药代表试图谈起产品的时候,发现医生们并不关心他对产品的介绍,不停地在谈论他们的家庭故事和业余生活。

做了一段医生拜访的工作后,医药代表可能经历过所有这些情景。尽管这些情景各有不同,但也有一个共同点:这些医生都会处方产品,他们都需要有合适的产品来满足他们的处方需求。医药代表的工作就是根据医生处方决策方式的不同,了解和推进医生的处方。

研究表明,人们会有四种不同的购买风格,对应到医生来讲,也有四种不同的处方决策方式。对应于不同的处方决策方式,医生处方时会分别关注四个不同的决策依据。而医药代表就要根据不同医生的决策依据,匹配不同的产品特性利益转化方式,来提高推广成功的比例。

因此,能够识别不同客户的处方决策方式是医药代表成功推广的关键。那么医药代表该如何做呢?观察医生的处事行为,分析他们谈话的方式。医生的处方决策方式是与他们行事风格紧密相关的,而确定每一位医生的处方决策方式是医药代表重要的工作之一。

尽管有很多变量来确定人们的思考和行为的方式,但人的行为是可以观测的,他们的语言也是可以听到的,我们就能根据人的行为方式和谈话方式判断出他的主导行事风格,还能根据他人的行事风格来调整我们的沟通方式,以达到沟通效果的最大化。

风格1:具有控制欲和支配欲

这些医生是事情的驱动者。他们乐于指导别人,善于抓住事情的关键点,行动迅速果断。这些医生通常具有外向型的性格,他们是任务导向性的,做事通常都有自己的底线。

向这种类型的医生推广产品,就要使用这样的语句:"医生,既然你认可我们的产品,那就请你把它列入你的治疗方案吧!"或者是:"医生,如何患者对产品还有这样的疑问的话,你一定知道怎么解释了吧!"

这种类型的医生是一群非常自信的人,他们喜欢接受挑战。对个人的成就感非常在乎。医药代表要让他们感觉到他们是权威,他们选择的产品都是一流的。

风格2:关注人的感受与回应

这种类型的医生具有以别人的反应为导向的行事风格。他们关注别人的思想和感受,通常非常善于表达和解释,期望能够通过这样的方式来激发和影响别人。

向这种类型的医生推广产品,就要使用这样的语句:"医生,使用这类产品的大夫大都会比较保守,他们知道大量使用新上市的产品会有一些潜在的风险。"或者是："医生，其实患者也希望能够得到比较先进的治疗方案的。"

这类医生的处方决策来自于其他医生的赞赏和认可。他们希望能够在同行中脱颖而出，非常在乎他们的声望和地位。

风格3：需要事实和数据来判断产品品质的

这种类型的医生都是富有逻辑和分析能力的，做事一般比较小心谨慎。

向这种类型的医生推广产品，就要使用这样的语句："这些数据清楚地证明了产品在这类患者身上使用是非常有效的，您这样使用是正确的。"或者是："医生，回顾了所有的临床研究，我确认您选择我们的产品是恰当的。"

这类医生的处方决策来自于精确的、有说服力的事实，对产品品质的绝对信任。医药代表拜访这类医生时，一定要准备好足够的临床资料。

风格4：以稳定与安全为动机的

这种类型的医生相对比较保守，处方的产品相对比较稳定，他们不喜欢太多的变化，通常喜欢他们熟悉的东西。在所有的处方决策类型中，这种类型是最难改变的。

向这种类型的医生推广产品，就要使用这样的语句："医生，您也知道任何一种治疗方案的安全性都是非常重要的。这是一份有关我们产品的为期4年的循证医学研究，证明我们产品的疗效和安全性都是非常卓越的。"或者是："医生，其实根本不用改变您现有的治疗方案。我们的产品是您最好的补充，可以提升您现有患者的生活质量。"

这种类型的医生不愿意承担太多的风险，医药代表的任务就是解除这些医生所有的后顾之忧。当这些医生真的决定处方你的产品时，他们将是非常忠诚的。

快速了解和判断医生处方的决策类型，能够帮助医药代表更加有效地计划对医生的拜访，能够更好地使用销售资源。当了解了医生处方的决策依据时，医药代表就能有效地抓住销售的增长机会。

锁定目标客户

药品销售的有效性指的就是医药代表能够"以正确的拜访频率，对正确的客户进行拜访，并传递正确的信息"。但是如何识别出正确的客户呢？医药代表如何确定拜访的医生是正确的呢？随着需要见面的客户数量的增长，医药代表如何保证对关键客户的维护和投入呢？

AVI模型可以指导我们提高拜访的质量。这一模型包含三个指标：A—医生易接近的程度；V—医生的处方潜力；I—医药代表对医生的影响力。通过AVI模型可以识别：哪些客户是值得医药代表重点维护和投入的，对客户进行排序，锁定关键的客户，并施以正确的拜访频率，传递正确的信息。

让我们一个个地说明这些指标的作用。

A——医生易于接近吗？

这个指标表明的是：医生的处方是否易于受到医药代表的推广

行为的影响。很明显，如果医生对医药推广行为的态度是开放的，或者是可以通过不同的推广方式影响的，那么这样的医生应该是医药代表的目标客户。当然，如果医生对医药推广行为是封闭的，但他的处方量确实很高，那么这样的医生也应是医药代表的目标客户。

一般来说，客户越容易接近，医药代表获得处方的机会就越大。在某种程度上，医药代表可以通过改进其人际沟通的技巧，或者通过对客户更加深入地了解，来改变医生接受医药推广的意愿。

有时候，我们会发现医生很愿意接受某些医药代表，却对另外一些医药代表毫不理睬。现实中，总有一些医药代表能与大家公认的难以相处的医生保持良好的沟通。这些医药代表通常是那些不仅能与医生在办公室里保持业务关系，同时还能与医生在社会生活层面保持良好关系的人。

如果医药代表在一些社交场所、运动场所或者学术交流场所见到目标客户，都能够与他们进行很好的沟通，就能有效地改善医生的接受程度，同时也能获得更多的销售时间。

有时候，一些医药代表会想出一些办法，来逐步接近那些难以接近的客户：他们会写一些简短的信件给这些医生，介绍自己或者产品；当医药代表有了见到这些医生的机会时，再提起这些短信，医生一般会愿意给他们一些时间的。通过一些创新的推广方式来接近医生，改变他们对医药代表和产品推广的看法，也是非常有益的尝试。比如，和一些专业学术机构或政府主管部门合作，举办一些公益活动等。获得更多医生的认可，是医药代表获得更多销售机会的基础。

V——高处方潜力医生的数量有多少？

高处方潜力的医生数量也是AVI模型中一个非常重要的指标。一般来讲，工作越多的医生，其处方潜力也会越大。如果医药代表的精力投入能够向这种类型的医生倾斜，将会得到比较大的回报。

如果在医药代表的目标客户中，高处方潜力的医生数量很多（高V值），同时这些医生大都比较愿意接受这位医药代表（高A

值），那么在他的客户中将会产生非常可观的处方量。

同时，医药代表更不能忽视被业内人士称为意见领袖的客户。意见领袖能够影响相当多医生的处方行为，因此得到意见领袖的认可，会给医药代表带来巨大的回报。

I——你能影响医生吗？

AVI模型中第三个关键指标就是医药代表对医生的影响能力。这个指标是针对于医药代表能力的。相对于那些难以改变的客户来讲，医药代表主动做一些调整会显得更加有效。

很长时间以来，对某些难以接近的客户拜访失败，会让医药代表充满了挫折感，会降低他们的销售生产力。但问题是，所有医生都是要开出处方的，总有影响其处方行为的因素，关键是医药代表能否识别和发现这些机会。

如何应用AVI指数模型

为了让医药代表能够更加深刻理解AVI模型的各项指标，并且能够运用到实际工作中去，我们用一个实际案例来进一步说明AVI模型的应用。

【案例】

王医生是一位治疗风湿病方面的专家，而有很大的处方潜力。医药代表小张在过去的三个月里一直努力想要与这位举足轻重的客户做一次有效的拜访，但一直没有如愿。

在这三个月的接触过程中，小张与王医生同科室的刘医生很谈得来，与他们的护士长也处得不错。小张在与他们沟通的过程中，了解到王医生只见两种医药代表：王医生购买了一些医药上市公司的股票，所以他喜欢与这些公司的代表交流；另外，有些代表能够

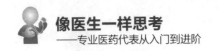

买到王医生急需的国外出版的专业期刊和书籍,所以他也会见这些医药代表。

小张用AVI指标评估了一下王医生:A值很低,王医生几乎对小张及他推广的产品没有任何印象。V值很高,王医生是这家医院药事管理委员会的成员,能在骨关节炎方面带来很大的处方量,还能影响其他医生的处方。I值也很低,对于像王医生这样的重量级医生,小张觉得自己地位太低了,没法直接与王医生对话。小张认为自己必须采取一些策略来改变现状了。

小张首先觉得需要进一步了解王医生的一些情况,于是他首先邀请刘医生做了一次健身。在与刘医生聊天的过程中,小张了解到每周五王医生总是在同一家餐厅用早餐,而且王医生养了两只宠物狗,每天回家后都会外出遛狗。

小张对宠物的了解非常有限,但他觉得这可能是接近王医生最好的办法。更重要的是,小张的公司有一个专门针对动物保健方面的部门,小张觉得这是一个可以利用的资源。于是,小张与刘医生商量能否在科室里做一次科室会,并且与刘医生约定在周五的早上在餐厅征求王医生的意见。

小张终于得到了王医生的同意。在科室会上,他除了介绍公司的产品外,还特别提到了公司的动物保健部门的工作,以及他们举办的动物关爱活动。这的确抓住了这位王医生的兴趣,他还约小张第二天再带一些补充资料到他的办公室。

在这个简短的案例中,小张证明了与医生在社会生活层面沟通的重要性。他利用他的处理人际关系的技巧,得到了难以接近的医生的认可。他动用了公司一切可以利用的资源与客户建立了寻求处方的桥梁。

锁定目标客户是一个持续的积极探索的过程。尽管每一位医生、每一家公司和每一位医药代表都是不同的,但是AVI模型的总原则是相同的。AVI模型提供了医药代表一个半定量的工具,来指导他们对目标客户的开发、管理和维护。通过评估客户的可接近性、处方潜力和医药代表的影响力,医药代表就可以动用个人的全部潜力和公司的重要资源达成工作的目标。

客户拜访的数量和质量

在当今的药品营销环境中,许多公司都会把重点聚焦到如何提高医药代表有效拜访的数量和质量上。因为大家都知道,目前医药代表在医院里进行药品推广的有效时间越来越少了,而通过医药代表面对面拜访进行推广的医药产品数量却在成倍增长,医生时间的争夺战进入到了白热化的阶段。因此如何在短暂的时间里将产品信息有效地传递出去,如何增加医生的参与性和互动性,已经成为每一位医药代表必须面对的挑战。

与此同时,随着医疗实践和医院管理的不断推进,对医生专业水平的要求也越来越高了。特别是在一些疾病领域里,随着发病率的提高,需要治疗的患者数量越来越多了,而医生的数量却没有相应的增加。提高患者的满意度、提高医疗的效率成为每一家医院管理者的追求。这就造成了很多医药企业和医药代表以往常用的药品推广手段受到了极大的限制,药品营销活动的有效性也大幅下降了。

但是,医生努力追求更新、更有效的疾病治疗方案是不会改变的。能够为医生提供更多更好的前沿资讯、疾病治疗方案或手段,逐渐会成为医药公司或医药代表赢得市场竞争的重要因素,同时也成为医药代表争夺医生时间的重要工具。

成熟产品的推广

但不幸的是,并不是每一家公司都能不断地推出创新产品和创新治疗理念。而医生几乎越来越没有兴趣将宝贵的时间花在他们已经知道的资讯上了。因此,成熟产品的推广就显得更加困难了。

对于成熟的产品,医生常常告诉医药代表所有同类产品都是一

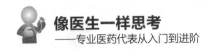

样的。事实上,这些产品常常并不是完全相同的。它们之间总会在产品功效、起效时间、疗效持续时间和症状缓解程度上,或多或少有一些差异。甚至医生也会感觉到,这些产品在临床适用范围上也存在着一些明显的差异。所以,医生的处方习惯取决于他们对一种产品的安全感和熟悉程度。

医生也一定会受到外界的影响,这些包括:药品的研发活动、对某些临床项目的赞助以及对科室建设项目的支持等。对于同一大类产品来讲,医生一定会对某些产品或公司比较熟悉,而对同一领域的另外一些产品和公司比较陌生的。

医生的处方习惯还会受到医药代表推广方式的影响。有些医药代表会表达出对患者的格外关爱,有些医药代表能够为医生提供更多的资讯,还有些代表能够与医生建立起很好的个人关系。这些医药代表对医生来讲都是有价值的。

除此之外,还有一些因素能够影响到医生的处方:药品的价格、是否可以纳入医疗保险、是否纳入医院或科室的处方集、对同一大类产品的总体印象等。由于越来越多的公司开始重视患者教育和患者关怀活动,患者的主动要求也成为影响医生处方的一个重要因素。

尽管有这么多因素的存在,医生转换处方还会基于以下传统的考虑。

- 患者的症状有没有得到缓解。
- 患者的疾病有没到得到治愈。
- 患者的依从性好不好。
- 疾病的进展有没有得到控制。
- 患者是否无法耐受药品的不良反应。

让医生参与进来

在目前医药企业举办的推广活动中,并非都能让医生参与进来。要让医生能够参与进来,需要医药企业市场人员全身心的投入,他们在为医药代表设计推广工具和推广活动的同时,还要为他们准备与医生对话的话题,并且培训医药代表如何与医生沟通这些话题。只有真正能与医生互动起来的医药代表,才有可能从医生那里拿到处方。

有效的医药互动始于优质的推广内容。医药代表提供给医生的资料,以及与他们的对话,一定要能扩展医生在疾病治疗上的知识和视野。不是所有最新出版的研究报告都能会为医生提供有价值的资讯,能够引起医生兴趣,并且能够促使其采取行动。

最大价值的医药互动资讯,应该是建立在对产品的功效有着深刻理解的基础上的,而且是可以让医生在临床实践工作中可以捕捉到的。比如,药品对于某种特定类型的患者的某些特定症状的影响。

有时候,信息的传递比信息的内容显得更为重要。医药代表在短暂的医生拜访中,能够快速地打动医生,是能够与医生互动起来的关键。许多成功的医药代表会精心设计他们的60秒的拜访内容,甚至30秒的拜访内容。如果没有充分的准备,现在的医药代表会失去很多机会的。

下面是导致一些医药代表无法与医生互动常见的原因。

- 当面质疑医生现有的处方习惯。
- 向医生反复强调临床研究的数据。
- 没有针对患者类型要求处方。
- 毫不关心患者的处境。
- 不尊重医生的时间。
- 不了解适应证诊断和治疗的全貌和细节。

如果医药代表对某种疾病治疗的全貌和细节有一个非常好的了解,对各种患者的情况也非常熟悉,即使是在一次非常简短的交流中,医生也会感受到的。通常医生会给这样的医药代表更长的时间。这就是当代医药代表和过去医药代表明显的不同,不了解疾病和患者的医药代表很难与医生建立长久巩固的关系。

医药代表应该知道,药品仅停留在医生与医药代表之间还不能称之为商品,只有当患者在医生的指导下使用了该药品,药品才能完成其商品的使命。医生对一种药品的认可,不在于其商品的特质,而在于药品背后有关疾病治疗的新知识、新理念和新方法。因此，当代的医药代表应该成为医生在疾病治疗上的伙伴，应该向医生传递和分享这些新知识、新理念和新方法。只有这样，向医生要求处方才是正当的。

进一步说，在不考虑患者的具体情况下，要求医生开出更多的处方是对医生和公司产品的不负责任。当代医药代表一定知道，任何产品都仅对一类特定类型的患者最适合，他们会向医生描述这些患者的特征，并要求医生有针对性地开出处方。

处理来自医生的阻力

在一次高质量的客户拜访中，医生与医药代表之间一定会在某个层次上产生互动。在互动中，医药代表还一定会感到来自医生的阻力。一般来讲，来自医生的阻力分为3类：异议、障碍和排斥。

按照一般的原则，根据医药代表所遇到的阻力类型，可以分析出医生的参与程度。如果有异议，表明医生参与了互动和讨论，如果有障碍表明医生并没有参与进来，如果让医生的态度是排斥的，表明医药代表已经失去了机会。

① 异议。医生产生异议是一种自然的现象，常与对特定的患者类型有关。医生提出异议常常反映出他们存在潜在的担忧或关注。医药代表要鼓励医生提出异议，并要确认医生异议背后的担心所在。**忽视医生提出的异议是非常危险的。**

　　成功的医药代表会把医生的异议看做是一种机会。潜在的治疗问题驱动着异议的出现，医生可能正在考虑产品的特性及其所代表的治疗思路是否能解决这些治疗上的问题。这就提供了医药代表进一步说明产品利益的机会。

医生提出了异议，一定是医生已经参与进来了，并对某个相关问题产生了关注或兴趣。这时，医药代表一定要识别医生关注或兴趣的所在。

现今对客户的拜访常常只能停留几分钟的时间。快速澄清医生关注的问题是医药代表了解和处理异议的关键,但留给医药代表探询的时间并不多。所以,当今的医药代表一定要对相关疾病和相关患者情况有全面的认识,这样就能更多地节省医生的时间。

② 障碍。是指医生在处方药品时遇到的外部屏障,也是医生和医药代表都不能回避的现实。这类阻力一般无法与具体的疾病治疗问题联系起来,包括:医疗保险目录、医院或科室的处方集、治疗的成本以及患者购药的渠道等。

如果存在这样的障碍,医生和医药代表是无法通过讨论来解决问题的。这需要医药企业在更高的层面做更多的工作。

障碍的存在有着更深的背景,一般在短时间内是无法逾越的。成功的医药代表更多的会从医生的角度考虑问题,他们会从医生所处的处境着手,发现这些障碍对医生治疗上带来的不便。因为医生总是在追求最佳的治疗方案,如果可用的方法都不理想的话,医生是愿意尝试一下替代疗法的。医药代表要帮助医生跨越这些障碍。

③ 排斥。医生排斥的产生往往来自于医药代表的老生常谈。由于医生没有充足的时间给医药代表,排斥的产生是随着疾病治疗方案的成熟而增加的。对于成熟的产品来讲,医生对药品推广行为的排斥常常比异议来得更为普遍。按照医生的说法,就是:"我没有时间讨论这样的产品,你不用说了。"

一旦医生的排斥产生了,医药代表就没有机会推进医生的处方了。因此,医药代表要想办法与医生进行有效的互动,才能降低产品医生排斥发生的频率。

我们先了解一下医生产生排斥的原因。

- 医生时间的限制。
- 药品无法与某一患者类型相联系。
- 由于某项临床研究,或者资助项目,没有处方的空间了。
- 竞争对手医药代表的能力很强,能为医生的工作提供支持,或与医生的个人关系很好。

直接通过探询来了解医生产生排斥的原因是不可行的,医生一般不会做出正面回馈。可采取以下办法。

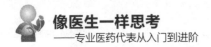

- 对医生工作日程的充分了解和尊重。
- 创造能够与医生互动的场合。
- 在某种特定患者类型的治疗上与医生达成合作。
- 提供患者教育或患者服务工作,改善与医生的关系。

应对医生的排斥是医药代表最具挑战性的工作之一,也是优秀医药代表具备的特质。应对医生的排斥,更是一家具有竞争力的公司应该面对的任务。从公司的层面,要建立与医生从更多层面接触和联系的平台;从医药代表层面,要与医生建立更好的人际关系。

总之,提高客户拜访的质量来自于:让医生更多的参与进来,并多层面地减少医生对产品的排斥。

确保信息传递的有效性

在现今的销售环境下,医药代表还能以相同的方式、用相同的信息和对医生处方行为相同的预期开展对医生的拜访吗?

根据不同客户的关注点来调整医药代表传递的信息称为信息传递的有效性。尽管大多数医药代表都知道有效信息传递的重要性,但面对实际的工作环境,大多数医药代表都很难做到这一点,正是因为他们忽视了信息传递的方式这个重要的因素。

找到正确的信息

向医生传递正确的信息,就像射击要击中靶心一样。如果在一次拜访中,医药代表总是强调药品的功效,而医生却在强调产品的不良反应,这样的沟通显然就没法进行下去的,医生是很难在这种情况下接受医药代表传递的信息的。即使是有关药品的正面信息,如果医药代表没有了解到医生对产品的真正担忧,也很难击中"靶心"。

绩效保障

对于许多医药代表来说，存在很大误区，"正确的信息"似乎就如下，但实际并非如此。

- 通过查阅医生的处方记录，了解医生是否在开他们的药品。
- 如果医生没有处方他们的产品，就会预想医生处方其他产品的原因。
- 根据他们的预想，设计他们与医生沟通的内容。
- 当见到医生后，他们就急于将"设计好的沟通内容"全部倒给医生，根本忽视了医生的意见。
- 尽管这些医药代表都非常友善，但对医生来讲，这些医药代表是确确实实地惹恼了他们。

很显然，对医生的处方动机的一些没有根据的预想，会把医药代表的拜访带入歧途。为了避免这种情况的发生，就要多了解一些医生对自己产品的看法和潜在疑惑，因为医生现在的处方行为一定是有其背后的原因。

为了准确地找到医生选择处方的原因，医药代表必须学会探询和聆听的技巧。与医生的沟通，最好的方法就是用一些开放式的问题开始拜访的话题。比如："我注意到，您多次提到某一类产品，您在这类产品上的使用经验是什么呢？"

如果医生能够给出明确的答案，医药代表就能够知道这位医生在开处方时，最关注的是什么了。也许，医药代表就已经找到"靶心"在哪里了。

采用准确的沟通方式

当找到了正确的信息之后，医药代表还需要运用准确的沟通方式。当医药代表准备与医生沟通正确的信息之前，有五个方面需要考虑。

- 医生的个性。

- 医生接受信息的方式。
- 医生处方习惯的持续性。
- 医生目前处方的状况。
- 其他相关因素。

① 医生的个性。成功的医药代表在与医生沟通时,首先要考虑的因素就是选择匹配医生个性的沟通类型。许多成功的医药经理人,在与医生沟通时,都会有意识地匹配医生的沟通类型。如果不这样,这就像一个人请别人吃饭,却根本不征求别人的口味,只管点自己喜欢的菜。只关注自己而忽视医生的感受,就像强迫别人吃自己喜欢的菜一样令人生厌。

因此,尽管每一位医药代表的个性都有所不同,但在拜访医生时,都要尽量强化自己在某方面的天性,同时又要弱化自己在另一些方面的天性。尽量匹配医生的沟通方式,这会让医生更快地接受医药代表的产品。

② 医生接受信息的方式。我们建议当代的医药代表应该至少了解一些现代心理学研究的进展。这样就可以了解到一些成人学习的特点。例如医生中有些人是视觉型的信息接受者,这些人更需要通过一些图表来帮助他们了解事物的真相;而另外一些人是触觉型的,他们需要通过对细节的感知才能了解事物的本质;还有一些人是听觉型的,他们必须通过对声音的判断才能了解到事物的核心。一些人只需要了解事情的概况就可以做出决定时,另一些人则需要了解更多的事实细节。如果医药代表要真正让医生获得信息,就需要了解医生习惯接受信息的方式。

在这里我们介绍两种识别医生接受信息方式的方法。

首先,是通过测试了解医生接受信息的方式。比如,当你准备向医生介绍一份最新的临床研究时,可以征求一下医生的意见:他是更喜欢看DA呢?还是要查找研究的原文呢?还是希望研究者自己来为他讲一讲研究的主要过程和得出的结果呢?

在这个过程中,医药代表就能判断出医生接受信息的方式。如果医生对入组患者的人口统计学信息感兴趣的话,那他肯定是一位关注细节的人。

其次，还有一种更加有趣的方法，可以判断出医生接受信息的类型，就是留意医生在说话时所选择的词语。在医药代表介绍产品特性的时候，如果医生说："我没有看到可以让我使用你们产品的理由。"或者"你们的产品看起来不错。"那这位医生一定是以视觉为主导的类型；如果医生说："听起来不错吗？"那这位医生一定是以听觉为主导的类型；如果医生说："我感觉还需要更多的资料。"那这位医生一定是以触觉为主导的类型。

③ 医生处方习惯的持续性。就像我们的购物习惯一样，每一位医生都会有他们固有的处方习惯。有些医生不会轻易改变他们熟悉的产品，而另一些医生却会不断地尝试新的产品。有些医药代表会在日常工作中注意了解医生的处方习惯持续性，一旦有新产品上市时，他们就会有针对性地拜访客户。

更为重要的是，除了了解医生处方习惯的持续性，医药代表还要判断出医生处方习惯所处的阶段。他们是缺乏对产品的认知呢？还是缺乏有关产品疗效的信心？还是有安全性方面的考虑？还是因为价格上的障碍？当医药代表知道了医生处方所处的阶段，就能有针对性地传递信息。是提供医生更多的产品资料，还是鼓励医生去尝试，还是打消其在不良反应方面的顾虑，还是解释药物经济学方面的利益。

④ 医生目前处方的状况。要正确地传递信息的前提，就是要了解医生目前处方的状况。医药代表要知道医生正在处方什么产品，以及处方这些产品对医生意味着什么。了解了医生目前的处方状况，才能更好地了解医生处方的持续性和医生接受信息的方式。

⑤ 其他相关因素。其实，每一位医生在决定处方时都有其个人独特的原因。有些人是因为某个患者治疗的失败；有些人是因为出现了医疗事故。大多数这些情况下都是基于医生个人的某次愉快的或者不愉快的经历。一般这种情况是很难通过医药代表自己的努力去改变的。

如何向医生传递有效信息，有时候是一门科学，有时候又像是一门艺术。但做到以上这些，会让医药代表更容易击中"靶心"。

完美探询的技巧

大家都知道，医药代表的一次理想的客户拜访过程要包含开场、探询、异议处理和缔结等几个部分。但在实际工作中，医药代表对客户的拜访是很难按部就班地进行的。从医师的角度来看，他们最关注的是医药代表处理异议的能力。从销售的角度来看，处理好医生的异议，关键是在看医药代表探询和缔结的技巧能否运用自如。

因此，我们首先来看看探询有哪些关键的技巧。

我们把探询定义为一种在学术氛围中，非对抗性的获取信息、确认需求和处理异议的技巧。探询的目的首先是为了获得信息，包括客户对产品正面和负面的反馈。这些信息能够帮助医药代表进行有效的沟通，增进客户对产品的认知和认可。

是否具有探询的能力，是区分优秀医药代表和一般医药代表的标准。一般来讲，医生的处方习惯是相对固定的，因为大多数医生能够获得的药品信息也都是相对有限的。如果一位医生习惯使用某一种产品，当医药代表向他推荐另一种产品时，医生是不愿意被人指责他过去的处方都是错误的。

通常情况下，大多数医药代表是没有勇气直接告诉医生，他们现在的处方行为是有问题的。但他们会用侵略性很强的方式，商业味很浓地攻击医生正在处方的产品。这相当于医药代表在暗示医生正在犯一个大错误。医药代表越是攻击他们的竞争对手，医生越是不舒服，越难接受医药代表所传递的信息。显然，这与医药代表拜访医生的目的已经背道而驰了。

因此，<u>先想办法赢得医生的信任，是展开有效拜访的基础，也是运用探询技巧的前提</u>。向医生请教与产品相关的疾病知识应该是一个很好的办法。在这个过程中，医生是很愿意回答医药代表的问题的。在一种学术的氛围下开始的探询工作，获得的信息是最有效的。

根据我们对探询的定义，探询最主要的目的首先是获得有价值的信息，然后确认医生的需求和处理医生的异议。其中处理医生的异议是探询工作的关键任务，异议处理的过程也是把握医生需求的过程。医生不处方医药代表推广的产品，一定是他们认为还有一个更好的选择。因此，处理医生的异议应该从探询医生对钟爱产品的认知开始，再慢慢回归到医药代表所推广的产品。

我们一般会将探询分为对正面问题的探询和对负面问题的探询。正面探询和负面探询对获取信息都很有帮助，而正面探询有助于把握客户的需求，负面探询有助于处理客户的异议。

我们先举一个正面探询的例子。比如："大夫，从您的临床经验看，我们的产品比其他同类产品更适合老年人吗？"

问这样正面的问题出于两方面的考虑。

第一，通常医生是乐于回答这样的问题的。用"从您的临床经验看"这样的话语作为探询的开始，医生会感觉受到了尊重，比没有用这样的话语更容易获得有价值的信息。

第二，如果医生认为你的产品的确有所提及的优势，那就留给医药代表一个非常好的缔结机会。

如果医生并不认为医药代表所提及的产品优势能够站得住脚，医药代表紧跟的问题可能就是："您觉得所有同类产品都是这样的吗？"或者"根据您的临床经验来看，有哪个产品在这方面表现得比较突出呢？"如果医药代表足够幸运的话，医生将会与其分享他偏好的产品应该具有的特点了。对于医药代表来说，这是非常有价值的信息。这些信息将引导医药代表走向成功。

相对于正面问题的探询，负面问题的探询主要是用来处理医生的异议。是否用到这类探询的问题，是一次拜访能否成功的关键。

我们也举一个负面问题的例子。比如："大夫，从您这些年的临床经验来看，这一类产品从哪些方面进行改善，会更有利于您的使用？"提这样的问题，最好是泛指一大类产品，而不要特指某一个产品。又比如："大夫，对于哪种类型的患者，您觉不适合用这一类产品？"

医药代表用这样的探询技巧，是为了发现医生对使用一类产品的潜在忧患，为进一步消除医生在这方面的顾虑打下基础。同时也可以从治疗的角度获得更多的信息，为医药代表提供更多为临床服务的契机。

探询绝对是医药代表必备的工作技巧。越能赢得医生的信任，探询的效果就会越好，就能获得更多医生的真实反馈，了解到医生真实的需求，真正打消医生在处方药品时的顾虑，最终引导医药代表走向成功。

实施高效缔结

我们将缔结定义为：在产品推广中，能够增进医生处方可能性的话语。

尽管所有的公司都要求他们的医药代表：在拜访医生的时候，一定不能忘了向医生"要求处方"。但是，绝大多数公司并没有教会他们的医药代表如何用一种有效的，对自己产品有用的方法最终达成这样的目标。很显然，有效地缔结与一般的"要求处方"是有重大区别的。直接地"要求处方"会让医生敷衍医药代表的请求，往往会产生适得其反的效果。因此，我们会看到，有些医药代表为了完成公司的要求，向医生盲目地"要求处方"；还有一些医药代表，因为无所适从，从来不去尝试缔结。在我们看来，有效的缔结是在尊重医生意愿的前提下，有目的、有策略地寻求医生处方承诺的一个过程。

我们先从医生的角度，来看看他们是怎样看待医药代表向他们"要求处方"这件事的。大多数医生认为，他们处方药品没有任何商业目的。患者并不是医生的顾客，医生也不是医药公司的客户或代理商。医生是不愿承受来自医药公司或医药代表在药品处方上带来的压力的。显然，直接向医生要求处方，不利于与医生建立和维持长久的、专业的和信息互动的良性关系。

对于医生来讲，每一种药品都代表着一种对疾病治疗的观念和方法,每一位医生都应该有独立地、不受外界干扰地选择这些观念和方法的权利。医药公司或者医药代表当然也有权利,他们可以向医生传播他们药品所代表的治疗观念和方法,但选择权最终还应该留给医生。

既然直接要求处方对医生和医药代表都是有害的,那么有效的缔结应该是怎样的呢?

我们总结了有效缔结的三个要素:①只有医生对产品的某一特性表示认可后,才能缔结;②一定要描述出最能从产品中获益的患者类型;③凭医药代表的直觉。

首先,我们提到,只有医生对产品的某一特性表示认可后,才能缔结。这就意味着医药代表要进行缔结是有前提的。如果一位医药代表提到的每一个产品优势,都不被医生认可的话,医药代表面临的工作应该是进一步了解医生的疑惑,处理医生的异议,这时候是无论如何也不能要求医生做什么的。在没有充分的理由下要求医生采取某种行动,会极大地伤害产品的可信度。这时候,最好的是希望医生能够考虑有关产品的一到两个特性,留下一些资料,为下一次的拜访留下一些有价值的话题。

如果医生对产品的某一特性表示认可的话,缔结就是顺理成章的事情了。但是,这时候要注意,医药代表的缔结一定是针对具体的药品特性的和具体的患者类型。例如:"医生,非常高兴听到您对我们产品在改善鼻窦炎患者疼痛症状上的评价!如果以后遇到了有疼痛症状的鼻窦炎患者,请你考虑使用我们的产品!"如果医生自己认可产品的这一特点,他们是不会感到医药代表在向他们要求处方的。事实上,是医生自己决定处方与否的。

其次,有效缔结的另一个要素就是**要为产品创建一条"医生记忆的链条"**。我们意思是,不能仅仅是所谓的产品"特性—利益"的转换,向医生描述出最能从产品使用中受益的患者类型,而这种患者类型又是医生每天都能碰到的,才能让医生想起处方医药代表的产品。我们相信,每一种产品都有其在临床使用上的意义。关键是如果医生在工作中抓不到具体的患者,产品的"特性—利益"也只能停留在纸面上了,医药代表也是得不到医生的处方的。医生不是不想处方，而是不知道处方给什么样的患者。医药代表一定要记住，医生的工作对象不是药品，也不是疾病，而是患者。像"我的产品适合于过敏性哮喘的患者"一类的话，对医生来讲是没有任何意义的。只有像"我们的产品最适合这样的患者：他们尽管一天要用5次吸入剂治疗，还会感到气短胸闷，啸鸣音仍很重的患者。"才能给医生留下深刻的印象，当他们听到哮喘患者沉重的呼吸时，就会处方这样的产品。

要记住，医生的第一张处方是最困难的。医生的处方是有惯性的，当一个产品得到了某个医生的第一张处方时，第二张、第三张处方随之就会到来。为自己的产品创建一条"医生记忆的链条"，将具体的患者与产品和适应证联系起来，这才可能源源不断的获得医生的处方。

最后，有效的缔结是出于医药代表"直觉"的。当医药代表已经向医生提供了足够令他们信服的证据后，那就缔结吧！医药代表对于时机的准确把握也是非常重要的。

总之，有效地缔结来源于医生对产品的认可，作用于将具体的患者联系到公司的产品特征和医生的临床实践上，决定于医药代表的经验与直觉。

如何与医生沟通？

近期，有一家医药咨询公司对5000多名医生做了一次调研，结果表明医生对专业医药代表的偏爱是在日益增加的。为什么医生对专业医药代表的偏爱超过一般的医药代表呢？答案很简单，就是医生认为专业的医药代表在掌握产品知识和疾病知识方面更强、更熟练、能够更好地回答复杂的问题。

然而，还是有不少医药代表不断地向他们的公司或经理抱怨，他们不知道每天在拜访医生时，跟他们谈些什么？他们认为，从专业的层面上，医药代表似乎很难与医生进行深入的沟通。

在专家看来，要解决这个问题，要从两方面着手：①与医生沟通什么？②如何充分利用与医生在一起的时间？

与医生沟通什么？

我们建议当医药代表在寻找与医生沟通的话题时，采用一种叫做STEPS的方法。STEPS分别表示：安全、耐受、功效、价格和简便。一定要按照这样的顺序去与医生交流，而不是大多数医药代表正在做的，从产品的功效开始。

在使用STEPS方法时，要特别注意以下的话题。

- 关于产品的安全性问题。如果产品安全性的问题没有谈好，医药代表的一次拜访可能在两分钟之内就会结束了。医生在尝试一个他从来没有处方过的产品之前，首先考虑的是需要冒什么风险。如果医药代表只是简单地告诉他："放心吧，不良反应很小，而且是一过性的！"是打消不了医生的顾虑的。所以，对于医生从来没有尝试过的产品，医药代表首先要拿出临床研究报告来，告诉医生药物安全性方面有哪些临床统计数据，以及一旦发生了不良反应，如何在临床上处治的经验等。让医生感到使用这种药物的风险范围有多大，让医生感到即使有风险，也是可以控制的。这一点对医生是非常重要的，是他们愿意尝试一种新产品首先要跨越的障碍。
- 关于同类产品的问题。大多数医药代表在向医生推广时是不会主动提及同类产品的，因为他们是竞争对手。但是，医生是一定会提及的。在医生的脑海里，尽管是同一类产品，也会有很大的不同，特别是针对不同的患者的时候。医药代表要做的：第一，不能回避讨论同类竞争产品；第二，不能直接攻击同类产品；第三，要区分出最适合自己产品的患者类型来。如果医生要求医药代表在临床数据上与其他产品进行比较，那就如实地告诉医生好了。

- 关于产品价格的问题。如果同类产品很多，医生可选择的范围很大，那么产品的价格就是一个相当敏感的问题。最近，我们发现在一类治疗慢性病的药物中，原研产品的价格是其仿制品的3倍，但仿制品的市场份额按金额计却远远低于原研产品。其实，价格永远不是个单一的问题，找到合适的目标患者群才是关键。只要医药代表向医生说明白这一点就行了。如果一位医药代表总是被价格问题困扰，只能说明他没有找到合适的目标患者群介绍给医生。

- 亲和感与专业性哪个更重要呢？当医药代表与医生成为朋友的时候，他们常常会遇到这样的困扰：医生总是希望与他们聊一些轻松的话题，而不是枯燥的药品临床应用的问题。医药代表能与一些医生建立起朋友关系是非常重要的，但是医药代表必须明白，促进医生处方的基石仍然是就临床应用问题所进行的沟通。

如何充分利用与医生在一起的时间？

我们先看看医药代表在见到医生时，医生都在说什么？

- 医生："以后，不要再给我送你们产品的资料了，我没时间看！"

当今的医生已经被来自医药公司的各种产品信息淹没了。每一位医药代表在离开医生办公室时，都会留下一些有关产品临床应用的文献或DA。然而，谁都不能确认医生是否真的会看这些资料。

我们常常会看见这样的场景，由于医生的时间被各种事情占据着，医药代表只能在医生办公室门口苦苦等待。终于可以见到医生的时候，医生却已经没有时间让医药代表介绍其产品了。医药代表只能象征性地打个招呼，然后留下一份产品资料。可是转眼医生就可能把这份资料扔进垃圾篓里了。

- 医生："有什么事情就快说，一块吃饭就免了吧！"

在医生繁忙的工作中，"吃饭"已经是他们的一项负担了。如果医生答应了医药代表的邀请，医药代表就要充分尊重和利用好这段宝贵的时间；如果医生没有答应，医药代表也不要太在意，因为医生拒绝用餐和拒绝用药是两回事。

有些专家建议可以带着午餐去医生办公室，医药代表在为医生提供午餐服务的同时，也获得了与医生交流的机会。这的确是一项非常好的投资计划，用一顿快餐的费用换取了医生宝贵的时间。但考虑到医药代表目前的现实处境，要做到这一点还是有一定难度的。

● 医生："我就不参加你们公司在晚上举办的卫星会和晚宴了！"

越来越多的公司开始热衷于参加和赞助大型的学术交流会议，而且不甘心仅仅成为会议的配角。可是由于时间和空间上的局限性，在会议上争夺医生的关注和参与变得越来越困难了。而且，当今的医生已经不会仅仅满足于从会议上获得最新资讯了，网络技术的发展，让医生有了更多的选择。

那么，医药代表该怎么做呢？

既然医生已经很少愿意阅读医药代表向他们提供的产品资料，也没有太多的时间接受医药代表的聚餐邀请，更不会在大型会议上专门关注医药代表的产品。而且，通常他们也不太关心医药代表所传递的其他医生的用药经验。

在这种情况下，我们建议医药代表应该回到最基础的工作中去。**使用STEPS模式快速地与医生沟通产品的安全性、耐受性、功效、价格和简便性**。他们可以：在产品价格上进行探讨；承认不同价位产品的价值；不断更新产品的资料；提供无偏见的患者教育资料；除了留下资料，还留下样品。

拜访医生时要做什么，不要做什么

医药代表要能够正确判断医生的反馈，知道自己应该做什么，不要做什么。

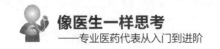

学会聆听医生所说的话

医药代表所犯的最普遍错误是不会聆听医生所说的话。这种现象的原因就是，很多医药代表太注重按照他们预想的计划去与医生沟通。这些医药代表踏入医生办公室时，总会列出他们要与医生沟通的关键点。在见到医生时，生怕忘了或漏了这些要告诉医生的事情，而忽视了医生在说什么。

当然，做好访前计划是一个不错的习惯。有些医药代表还把访前计划做得非常周密，列出了所有的细节。但是，在与医生沟通的时候，如果一味地关注自己的计划，就会错过很多缔结的机会。特别是当医生对产品的某一特性表示有一点关注，而医药代表仍然在按他的原定计划进行的时候。

因此，要注意聆听医生的话，医生会告诉医药代表他们感兴趣的话题和他们想要讨论的主题。要灵活一些，不要总是按照自己原来的拜访计划进行。

不要质疑医生的治疗方案

药品推广上最糟糕的事情就是："大夫，请你告诉我你是如何治疗这一疾病的？"

大多数医生在听到这样的问题时，大都会敷衍几句。医生大都会这样想："医药代表又来探听消息了，无论我说什么，他们都会说他们的药品是最好的。"没有医生会认为，他们现在的选择是错误的。

医生还会想："医药代表哪有资格告诉我如何治疗患者？"在医生面前讨论他的治疗方案，大多数医药代表是没有优势的。

医药代表要想了解医生的治疗观念和处方习惯，最好是拿出一份相关疾病的临床治疗文献，以请教的心态，让医生谈谈他对作者观点的看法。如果这位医生能够接受作者的观点，在类似患者身上，医药代表才能建议医生使用。

不要使用套话

在医生的眼里,销售人员之间是没有太大区别的,不管他们是推销日化用品的,还是卖二手车的,或者是推销保险的。他们大都会把医药代表也归为这一类。

因为医生在社会上的地位是较高的,所有的销售人员都认为在他们的身上是有潜力可挖的。因此,医生对各种营销手段是非常熟悉的。药品营销中常用的一些套话对医生来讲是不会起作用的。

医药代表常用的套话就是:"你是我们的VIP客户,请你一定要多用一些药!"现在所用的医药公司都在给客户分级,医生其实一点都不在乎把他分到哪一级。医药代表要做的是努力把自己与其他医药代表区分开来。

要尊重医生的意见

当医生说只能给医药代表1～2分钟时,医药代表应该立刻表示感谢。因为,大多数医生认为1～2分钟已经足够了,除非碰到重大问题,医生之间的沟通也就是1～2分钟而已。

但是,医药代表绝不能将自己局限在1～2分钟里。当医药代表开始介绍他的产品,引证有关文献,抓住医生需求的时候,时间对医生来说就已经不重要了。

"别只是盯着医生"

有时候,医药代表直接去见一位陌生的医生,常常会碰壁。而如果能让另一位已经熟悉的医生,或者同科室的护士来引见一下,

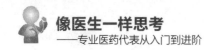

拜访时也许会容易得多。医药代表常常需要通过医生周围的人来帮助他们获得有关目标医生的信息，并且借助他人的影响力达到目标。

通过一些观察，我们发现业绩优秀的医药代表都非常愿意结交医生周围的人，并从他们那里获得了巨大的回报。以下是这些医药代表经常尝试的办法。

有一些医药代表会把护士或者其他医生看做接近目标医生的障碍。在某种程度上，的确是这样的。因为将近一半的非目标医生或者护士认为他们可以替目标医生做决定。

但成功的医药代表会非常友好地对待他们，因为他们知道这些人拥有大量有价值的信息。通过他们这些医药代表了解到很多目标医生的治疗理念和用药习惯。这样，在与目标医生交流时，就能找到准确的话题。就像有一位医药代表说的那样，尽管我和我的目标医生仅仅谈了3分钟，但我得到了他的承诺，因为我从他的同事那儿得到了大量有用的信息。

成功的医药代表，能够巧妙地根据目标医生身边人的不同角色，来获取不同的信息。

护士能够告诉医药代表有关医生的处方习惯，医生治疗患者的类型，还能告诉医药代表医生使用产品后的感受。住院总或门诊主任等肩负行政职责的医生能够告诉医药代表，医生值班或者门诊的日程安排，甚至科室里最近的各种活动安排，让医药代表安排好自己的时间。药房或医保办公室也许还能告诉医药代表药品的使用情况和医保执行的情况等。

在以上信息提供者中，护士是最特别的，对医生的处方影响最大。成功的医药代表会了解每位工作人员的角色，然后会与那些可以影响医生处方的工作人员进行更加深入的交流。

当拜访这些人员时，要记住有付出才有获得。成功的医药代表会根据每个人的角色不同，为他们提供相匹配的信息和帮助（表1、表2）。

表1 交流的话题

	护士	行政人员	药师
产品适应证	*	*	*
患者教育	*	*	
科室管理		*	
患者保留活动	*	*	
处方集或医保	*	*	*

表2 可提供的资料

	护士	行政人员	药师
样品	*	*	*
DA	*	*	*
临床报告	*	*	*
患者教育资料	*	*	
培训	*	*	*
品牌提示物	*	*	*

为帮助医药代表更加有效地与他们建立关系，我们提供以下方法供参考。

- 要了解他们。确认每一个人对医生工作的影响和价值所在。他们是如何影响医生的？他们有哪些工作上的需求？这些都可以直接去问他们。
- 尊重他们的专业。这一点对护士显得尤其重要。在临床上，护士拥有着大量的处治患者的经验，是医生不可缺少的伙伴和助手，要像对待医生一样对待护士。
- 成为一名支持者。要让他们了解医药代表是可以给他们带来的价值的。鼓励他们问问题，及时确认他们需要的支持，提供上表所示的帮助。
- 让他们记住医药代表。当医药代表出现的时候，要主动与他们交流，想一些办法让他们记住你。

永远不要低估护士、实习生、药师和行政人员的力量。尽管他们不能直接提供处方，但他们能够帮助医药代表获得有价值的信息、击败竞争对手，让医生优先考虑你的产品。

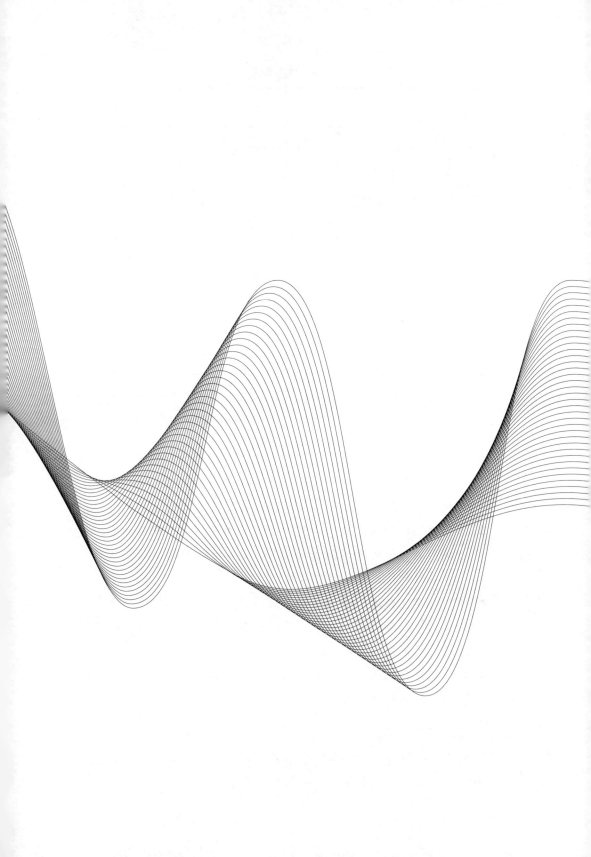

怎样打消医生的异议? 144
说服医生的5种证据 147
与医生交流临床研究时应避免的4种错误 150
如何利用临床研究来改变医生的处方习惯? 154
如何找出临床研究中对医生最有意义的部分? 158
将临床研究转化为"销售"临床研究 160
让医生"反感"的问题 164
用医生的语言和医生对话 167

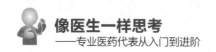

怎样打消医生的异议？

医药代表在拜访医生时经常碰到这样的情况：当医药代表向医生介绍产品时，常常会带一些临床研究报告给医生看，尽管研究报告的数据和结论看起来是非常确凿的，但还是打消不了医生的疑虑。因为大多数医生都会认为由制药公司资助和提供的研究报告，其公正性和客观性会大打折扣。

大多数医药代表都希望医生能够从他们提供的临床研究中得到有价值的信息，并且能够尝试着用研究报告提供的方法治疗医生的患者。同时，大多数医药代表又不希望被医生质疑，说公司提供的研究报告缺乏科学性。公司资助的研究与缺乏科学性是不能完全画上等号的，关键是要了解医生真正相信的是什么。

实际上，医生质疑谁资助了临床研究，是希望借此确认这项临床研究是否是真实的、科学的和没有任何偏见的。当医生指出药品公司赞助了临床试验时，是希望医药代表能够说明这项研究的有效性、可靠性和可操作性。要证明临床研究的有效性，医药代表就不能简单地向医生展示临床研究的数据和结论，还要向医生展示临床研究所运用的循证医学方法。循证医学是医生用来评价临床研究的有效性和可靠性的一套标准，常常能帮助医生选择和制订治疗的方法。循证医学同样也能帮助医药代表应对来自医生的质疑和异议。可靠的临床研究结果来自可靠的试验设计，可靠的试验设计可以消除大多数医生的质疑。如果医生的质疑降低了，那么医生接受研究结果的可能性就增加了，医生在诊治患者时复制研究所提到的方法的机会也就大大增加了。

要在拜访中运用好循证医学的知识，医药代表就需要学会在与医生交流中使用有效的和可靠的陈述方法。这种方法就是医生在医学院或者学术会议经常使用的陈述方法。如果医药代表运用医生自己的语言介绍试验数据和结果，是会引起医生关注的。

本文介绍两个有用的工具，能够帮助医药代表在介绍临床试验报告时，获得医生的信任。

循证证据的等级

第一个就是运用循证医学的等级来说明报告的价值。将证据分为不同的等级，是为了更好地评价临床试验设计的有效性、可靠性和可操作性的。证据的等级一般会分为5个级别，比如：第1级被认为是临床研究的金标准，证据通常是随机的大样本荟萃分析（meta-analysis）的结果；而第5级通常是专家委员会共识、专家观点或者专家临床经验的综述等。

根据证据的级别，相对应的是推荐的级别，可分为A～D级。如果医药代表提供的文献报告是属于推荐级别A级的，毫无疑问是会被医生运用到临床治疗中去的。

当然，医生不会总是在嘴上挂着循证等级或推荐等级，但是他们非常善于区分出哪一个临床试验设计更有效。但是，医药代表一定要了解自己手头的文献报告是属于循证等级或推荐等级中那个等级的，因为这是应对医生疑虑和异议的有效工具。

关键事件评价

关键事件评价就是利用一系列的问题，来确定一项临床研究的有效性、可靠性和可操作性。我们可以运用一组由11个问题组成的

前3个问题是关于患者的：被观察的患者数量是否足够？他们的病征是否类似？是否使用了同样的治疗手段？如果这3个问题的回答都是肯定的，那么证明这项研究是可靠的。

接下来的4个问题是针对试验设计和数据分析的：这项研究是随机对照的吗？观察的指标完整充分吗？数据使用什么方法分析的？病例脱落的原因是什么？问这些问题主要是为了深挖该项试验的有效性。要回答这些问题，需要学习试验设计和数据分析的知识。对医药代表来讲，可能有一定的难度。但是，这些知识对药品营销来讲是非常重要。

下面的两个问题是：临床研究的结果是否具有统计学意义？是否具有临床相关性？一项临床试验的结果可能具有统计学上的意义，但不一定具有临床相关性。统计学只能指出研究的关键发现，和数据处理的结果。而临床相关性是要将统计学上分析转变成临床治疗上的利益。

接下来的一个问题，与循证医学的关联度稍远一些：临床研究报告是哪一年发表？尽管多年前的研究结果仍能指导临床实践，但医生似乎更加相信新的临床研究的结果。

最后一个问题，是许多医药代表都害怕的：谁赞助了这项试验？如果确实是医药公司赞助的，就是需要医药代表更加准确和熟练地掌握前10个问题的答案。

实践证明，大多数医生认为医学研究的数据质量和科学的分析结果是最重要的，而是否有商业赞助是其次的因素。通过参考证据的等级和推荐的等级，辅以进行一系列关键事件的评价，医药代表是能够向医生展示临床试验的真正价值的。

下一次，当你听医生说："这项研究是你们公司赞助的！"医药代表应该怎样回答呢？

正确的回答是："医生，我猜你是关心这项试验的可靠性吧！"

当医生回应时,证据的等级、推荐的等级和关键事件的说明就能帮你继续与医生对话。

说服医生的5种证据

"这是双盲试验的结果","这张图表说明我们的产品是最有效的","这篇文章说的都是事实",大多数医药代表都会对医生这么说。但这么说的效果往往是不好的。如果医药代表仅用统计学的数据分析介绍产品的功效,只能产生20%的推广效果,因为这些数据是缺乏"血肉"的。临床研究的数据只是5种说服医生的手段之一。

还有其他4种手段需要医药代表去掌握:个人经历、比拟、专家共识和病例分析。

在现今的医药市场上,医药代表的推广比过去更难取得立竿见影的成效。医学发展得更加深奥细化和注重结果,医疗机构要求医生能看更多的患者;与此同时,一名普通的医生常常一天能见到十几名医药代表。结果导致医药代表越来越难以与医生进行有效的沟通了,更不用说可以与医生深入地交流产品信息了。

将5种手段综合起来,就是为了能在最宝贵的几分钟时间内,实现拜访效率的最大化——了解医生的需求、建立亲和感、实现产品信息的传递。

以下五种手段的应用可以帮助医药代表提升销售技巧。每一名医药代表都可能善于使用某一种手段,每一名医生也可能更易接受某一种方式。关键是要了解医生对哪一种手段更有兴趣。当然,大多数医生需要一个组合,才能相信医药代表传递的信息。

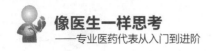

个人经历

每一人都喜欢听故事。以一个生动的故事作为开场，能够很快地抓住医生的注意力。特别是这个故事是医药代表个人的亲身经历，医生会更加感兴趣。当然，这些故事要与你推广的产品有关联。

讲述个人经历，还可以帮助医药代表发掘出客户的真正需求。在谈话中加入一个曾经经历过的事情，会唤起听者联想曾经经历过的类似情景，让他们切实感受到一直关心的和担心的事情。如果你的产品真的对他们有帮助，他们一定会尝试一下的。个人经历对医药代表来讲是一笔宝贵的财富。

比拟

比拟是一种具有很强说服力的手段，但常常很难掌握。比拟在处理一个复杂问题和纠正一个错误概念时非常有效。在面对严肃问题时，比拟所产生戏剧化的效果，可以保障推广信息的有效传递。有时候掌握好比拟的技巧比使用其他手段更加重要。

这里可以举一个例子，来说明类推的应用。有些他汀类药的降脂作用比较缓和，但安全性非常高。当医生对产品的降脂效果产生疑虑的时候，你就可以说："这就像给一辆高速行驶的汽车刹车一样，如果刹车太急，就很难控制汽车的稳定性，如果控制不当，还会发生翻车的危险呢！"

要恰当地使用比拟的方法并不是一件容易的事情，因为很难把握比拟的尺度。就像上面的一个例子，如果这位医生从来就没有驾驶过汽车，那这种比拟对他的效果就会差很多。另外，比拟还要避开一些医生不太喜欢的话题或者不愿提及的话题。

专家共识

简要地说就是运用临床试验的结果和作者的观点来说服医生。关键是这篇文章的研究者或作者一定要是医生尊重的专家。如果你并不确定医生对作者的态度,最好选择那些在这些领域有重大贡献的专家,或者是那些正领导着某著名医学机构的教授。

如果医生对你提及的专家并不熟悉,就有必要介绍一下专家的资历了,特别是他们取得的成就。当医生已显示出对你和你们公司的疑虑时,当你们公司并不是业内著名的公司的时候,专家共识就显得更具价值。如果有著名的专家参与了临床试验的研究工作,在一定程度上就可以说明你提供的资料是可信的。

引用著名专家的结论,或者著名机构的共识,可以减少医生判别真伪的时间。

病例分析

医药代表的话医生大多是不会立刻接受的。医生需要通过了解其他医生在使用你产品的经验,来判断是否可以尝试你的产品。对于产品的特性和功效,医药代表最好用最简短的语言进行陈述。紧接下来,要向医生提供一个实际发生的病例,患者情况如何,其他医生是如何处置的,结果如何。必要的时候,要提供一下案例中医生的名字和联系方式。当然,为了尊重起见,要征求一下案例中医生的意见,并能够将你们沟通的情况反馈给他。

越典型的病例,越能帮助医药代表成功。当然,在描述病例时医药代表没有必要担心自己的医学知识不够专业,因为你对面就坐着一位可以请教的专家。

统计学数据

尽管前面我们提到大多数医药代表都过分依赖统计学数据，但客观地说这些数据仍然是最重要的。关键是要恰当地运用这些数据，更不要因为竞争对手会利用某些数据而故意隐瞒什么。

运用数据的最好方式是把其图表化，然后再说出它们代表的意义。如果你觉得市场部提供的材料过于死板，你可以现场画给医生看，这样更能引起医生的关注。

统计学数据对那些特别关注数据和试验结果的医生特别有用。但通常情况下不要单独使用统计学数据，一定要和其他手段联合使用，因为医药代表的拜访需要更多的感性因素才能成功。

与医生交流临床研究时应避免的4种错误

当医药代表与医生沟通临床研究数据时，由于现在他们的拜访时间越来越短，他们要学会尽量减少老调重弹，要切中要害，展现临床研究的成果。

以下的建议，可以帮助医药代表从医生对临床研究提出的异议中获益。因为在谈话中，医生的参与是非常重要的，说明他正在思考相关的信息，为处方决策做准备。如果他只是不住地点头，对医药代表谈论的内容莫衷一是，那只能说明他希望医药代表尽快离开。

现在，当医药代表拿出一份临床研究报告时，医生都会下意识地质疑和反对，有时这种质疑和反对还会非常的强烈。这时，以下四件事是不能做的。

● 捍卫

8 职业操守

- 推断
- 假设
- 错误的比较

以上这些行为都很容易出现，尤其是在医药代表们感到讨论超出了他们的控制范围时。

不要极力捍卫临床研究报告

捍卫是一种很容易引起敌意的方式，因为这时医药代表是在暗示医生是错误的。以下是一个典型的实例。

医生：这组数据没有显著性差异，P值是0.3。
医药代表1：但这些数据已经显示了一个明显的好转趋势。

诊断：不好。医药代表进行了微弱的抵抗，似乎想降低医生的异议。其结果是，医生会有更大的异议，"试验设计本身就有问题"或者"数据统计被人为操纵了"。

医药代表2：您说得对，统计学上不显著，那么你认为怎样才能表明有了一个好转的趋势？

诊断：较好的回馈。医药代表没有对抗医生的异议。但是，医药代表提出的问题仍然会引起医生对研究设计和统计操纵的质疑。

医药代表3：您是对的，统计学上没有显著性差异。那些，您怎么看待这组数据，它们有临床价值吗？

诊断：最好的回应。医药代表没有对抗医生提出的异议，或试图改变医生异议的方向。相反，医药代表用提问的方式，请医生分享他对数据的理解和运用。

医生有关试验设计、患者类型、样本大小、统计学意义以及如何将统计学上的意义转换成临床上的意义等问题，医药代表都

应该创造机会与医生有更深入的沟通，而不是简单的坚持自己的观点。

不要去武断地推断

如果你对神经学有所了解的话，或者推广神经系统的产品，就会明白神经系统中的"因果关系的推导"是多么复杂和令人费解，很可能就像下面的例子。

医药代表：大夫，当药物与受体结合后，会作用于这个受体而产生这样的效果，您在临床实践中体会到了吗？

医生：是吗，我看看吧。（有点与医药代表的期望不一样）

医药代表：我们的药就结合在这里，按理说您在治疗上是可以看到这种效果的。

医生：是的，按理说是这样。

这是一种典型的根据理论研究推断临床结果的情况。其他经常出现的武断的推断还包括：用小规模临床试验结果推断其可适用于所有其他患者，用临床试验的"中期结果"推断最终的结论（再权威的"中期结果"也代替不了最终的结论）。

当只有小规模临床研究报告时，如实告之是获得医生信任的唯一途径，"这个试验的样本量比较小，也许并不适用于所有的患者"。这看似违反直觉，因为我们都不愿让竞争对手拿住把柄。但是，我们要相信医生是公平的，以一种客观的态度谈论临床研究的关键内容，让医生来评价这些内容的价值。消除可能产生对抗的紧张气氛，开展科学的对话，确信自己的产品能用于正确的患者身上。

假设的麻烦

有一些假设会给医药代表带来麻烦，特别是当讨论医生关注的信息时。下面就是一个例子。

医生：噢，有什么新的信息？

医药代表：谢谢您的关注！（拿出临床报告）这是一篇新的治疗足痛患者的研究报告，有50例患者入组。研究显示我们的产品疗效很好，而且很安全。

在这个场景中，医药代表作了很多的假设，这些假设都是很危险的。首先，当医生问起"有什么新的信息"时，医药代表假设了医生一定对新的临床数据感兴趣；其次，医药代表假设了医生一定对某类患者比较关注；最后，医药代表还假设了"产品疗效很好，而且很安全"是医生最看重的产品特点。

这些假设带来的风险，会在医生的以下3种回应中体现出来。

医生1：疗效是怎么个好法，怎么体现安全？

在这种情况下，医生是跟着代表的陈述进行回应的，他想知道"产品疗效很好，而且很安全"到底是什么意思。这是医药代表能获得的最好回应。但是，医药代表接下来的解释很可能会带来更大的风险。

医生2：我并不看足痛的患者。

当产品特点与他的切实需求不符合，医生通常会这么拒绝医药代表。这时，代表根本无法对医生的回应做出合理的反应，更无法作进一步的探询。留下的只有尴尬和漠视。

医生3：是吗，再见。

这是医药代表获得的最糟糕的医生回应，医生只是没有直接让医药代表出去。医生认为医药代表在敷衍他，在浪费他的时间。

医药代表正确的做法如下。

① 询问医生需要哪些新的信息。

② 询问医生临床文献哪一部分与他的兴趣最相关。

③ 呈现事实和数据，避免像"产品疗效很好，而且很安全"这

样的结论性陈述。通过探询让医生谈出他自己的观点。

错误的比较

两种药物之间的功效和安全性之间比较，是一项严谨的临床研究工作。许多研究还要进行安慰剂的对照。药物的临床研究常常要参照权威机构制定的"金标准"。而作为"金标准"的药物常常是相同的治疗领域里公认的"成熟产品"。

将两项独立的临床研究结果放在一起比较是不妥的，特别是将有直接竞争关系的两个或两个以上的新产品进行比较。要将产品放在特定的临床研究项目中进行比较，而不能从不同的研究报告中断章取义，突出自己产品的优势。没有严谨的科学态度，是得不到医生的尊重和信任的。

如何利用临床研究来改变医生的处方习惯？

曾经有人指出，大多数医药代表在开始药品推广时，都不会用临床文献作为拜访医生的辅助工具，直到他们从事这项工作2～3年后。尽管与医生建立融洽的关系也是药品销售的重要环节，但要影响医生的处方习惯，最终还是要靠确凿的临床研究结果。

有些代表可会说："为什么一定要用临床文献呢？我不用临床文献，销售也做得很好呀？"也许让医生来回答这个问题最好："如果让我替换现有的产品，转而处方另一种产品，最好拿出有确凿证据的临床研究报告。如果只拿一些宣传单页给我，那么我觉得医药代表只是想跟我做交易。"显然，临床文献的可信度要远远大于产品的宣传单页。

当医生被问及："在医药代表呈上一份研究文献时，你会看中哪些内容?"医生大多会提到下面四方面的内容。

- 样本的大小是否足以支持结论的得出?
- 是否发表在著名的杂志上?
- 如果产品本身没有特别的要求,入组患者的年龄范围是否足够宽,在性别上是否分布均匀?
- 这项临床研究是在哪些医疗机构进行的?

一般来说,在本国开展的研究要比在国外开展的研究更有参考价值。

很显然,恰当地使用临床文献能够提高医药代表的可信度。当然,医生也不会立刻接受医药代表提供的临床研究报告。以下五个提示,可以帮助医药代表更好的准备和使用临床文献。

- 整理信息。许多制药企业都会倾向于为医药代表的销售拜访提供一套资料包。在这套资料包里会包含一些体现产品优势的临床研究报告。尽管资料包里准备了20篇,甚至更多地临床文献,但如果在一次实际的拜访中,医药代表不能快速找到所需的信息,还是不行的。

整理好信息,需要做好以下工作:第一,准备一个好一点的合页夹,比如一个带皮面儿的合页夹;第二,准备一些塑料套子来保存每一份研究文献;第三,准备一些用来分类的标签;第四,花一些时间按日常工作时通常的使用顺序重新组织这些文献。

例如,如果公司提供了许多与竞争对手比较的临床文献,你就可以按产品进行分类。当医生问起某个产品的情况时,你就能在几秒钟的时间里找到相关的信息。

另一个整理信息的技巧,就是将临床文献的每一页都单独保存在一个塑料套子里,而不是将整篇文献放在一个塑料套子里。这对一名医药代表来讲非常重要。当医生刚提起兴趣谈论某个问题时,医药代表因为寻找某个关键信息而浪费了太多时间,医生很可能因为等待而转移了注意力。把文献的每个单页分开不仅能容易迅速查找文献,还能帮助医药代表便于组合多篇文

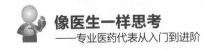

献的类似信息,以支持他的陈述。

- 读懂临床文献。不必每天晚上或周末都花时间来研究公司提供的临床文献。只要充分利用工作中的间歇时间,回顾一下临床文献就可以了。这些时间可能就是那些等待另一代表离开医生办公室的时间,或者等待医生门诊结束的时间。

有的医药代表会说:"如果有其他的医药代表在见医生,我可以去见另一位医生。"但事情总不随人愿。众所周知,在医生出诊的大部分时间里,等待的医药代表有时候比等待的患者还多。

已经去过了几个医生办公室,发现都有医药代表在的话,那最好还是在一个办公室外等待。可以先与分诊的护士谈谈,再利用这一段时间阅读一下临床文献。

对于那些路途遥远的医药代表更是这样。等待其他医药代表的离去比在路途上花更多的时间更有意义。比起打一个没必要的电话,利用这段时间看一下临床研究文献更有意义。在等待的地方,阅读一份临床文献比阅读一份体育画报显得更专业一些。

有时,第一次读一篇临床文献时,大家可能觉得没有什么新的内容可以与医生交流。但想一想如果一篇文献没有价值的话,就不可能被发表出来。也许再读一遍就能发现有价值的内容。通常只有多读几遍才能发现文献的闪光点。

要精读一篇文献的技巧就是,至少要用两周的时间阅读相同的文献。在每次拜访时,不管是与医生深度沟通还是仅仅是一次简短的会面,都努力使用到文献上的信息。只有这样,你才能通晓文献中的各个细节。两周以后,再拿起另一份文献,重复这一过程。你会发现自己能够在拜访时熟练使用各种文献与医生沟通了。

最后,在你精读全篇文献时,不要忘了还要阅读一下后面的参考文献和备注,甚至包括致谢部分。你会发现这里还蕴含着可以用于销售的宝藏。例如,在文章的参考文献中发现了一位目标医生的名字,或者在备注中发现有一位重要的医生参与这项临床试验等。这些都是在拜访医生时可以交流的话题。

- 为临床研究做简报。要让前期的准备发挥作用，简报是必不可少的。它显示了医药代表的专业性，还不至于让医生感到不安——如果医药代表拿着一份宣传单页或一份临床报告，站在一个很显眼地方，医生总是想回避的，因为销售的感觉太明显了。医药代表来到医生的办公室，医生都知道其来此的目的。因此，医药代表一定要谨慎行事。

  一般的公司都会要求医药代表在给医生介绍临床文献时，要说清楚临床研究的题目、发表日期和作者的姓名等。在时间允许的时候是可以的，而往往医生不会给医药代表那么多时间。

  实际上，即使是一次简短的拜访，也不意味着不能使用临床研究报告。只是需要你把它做得简短一点儿。如果，你只有10～30秒见一位医生，在递给他单页的时候，可以提醒他看看你贴在封面的简报做得如何。

  当然，你还可以做一个进一步说明，"这是产品X与产品Y对照试验的要点，您看我总结得对不对？"而不用长篇大论地介绍临床研究报告的内容了。当然，在一些更正式的产品推广活动中，你还是需要从头到尾详细介绍整篇论文的内容的，特别是论文的题目、第一作者的名字、杂志的名称和研究的目的等。

  如果还有一些时间，还应说一些医生通常会关心的信息。例如，临床研究开展的机构、男女患者的数量和比例等。不要随意漏掉这些数据，要多跟医生交流这些话题，在跟他们说这些关键点的同时要让他们能够看见。最后，再提出你的诉求，比如："大夫，您刚才说药物起效速度快是治疗的关键，这项研究表明产品X比产品Y作用更快一点，而且有显著的统计学上的差异。您是否乐意尝试一下呢？"

- 潜移默化。如果你多年来一直以某种方式做事，一旦被要求改变，可能会很不舒服，因为你通常会认为自己一直坚持做事的方法是很有效的。当你试图改变医生的处方习惯时，请记住这一点。多年来，他们可能习惯了使用某一种产品，并且用得非常成功。而突然之间，医药代表拿来一份临床研究报告，说以前他们都用错了。试想医生们会有怎样的反应？

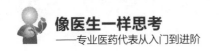

再试想一下，你一直以某种方式做事，突然有人告诉你一直在做错事，你会怎么想？也许你根本接受不了他们的忠告。如果你想改变医生的处方习惯，请不要用这种方法。需要努力指出，医生曾经使用的产品的优点和价值。然后强调，随着新的研究和技术的发展，曾经好用的产品可能现在已经没有优势了。并尝试运用一些日常用品的例子让医生能够感受到新产品的好处。

运用潜移默化的方法，还意味着需要指出一项临床试验积极的一面和不足的一面。消费者行为研究表明，这更能让客户信任一名销售人员。

一切都是为了让医生意识到你产品的独特优势。因此要尽量客观地介绍产品的特点。例如，如果你的产品在疗效上比较有优势，那目标就是让医生感受到在这一点上要比他正在使用的产品好。不要担心竞争产品会在其他方面也具有优势，医生会根据他的需要选择产品的。

- 到朋友中尝试。如果你很少使用临床研究文献的话，先不要在重要的医生上尝试。可以在一些平时关系好的客户身上用一用，这么做即使犯了错误代价也会小一点。你还可以问问他们，你介绍临床试验的方式可不可行。将他们的建议记录下来，尝试着在下一次拜访中改进。

多花些时间练习一下以上五个提示吧，你会发现医生会更加信任你，你的销量也会提升。

如何找出临床研究中对医生最有意义的部分？

为评估医生最看重的是什么，建议大家了解一下医生在临床工作中的具体实践活动。临床感不仅来自于对医生临床工作和环境的认识,还来自于日常与医生交往期间的仔细观察和聆听。一旦找到了临床感,医药代表就能将自己掌握的产品知识和区域经验转化成对医生有益的信息。没有合适的临床感,医药代表只能给医生一些与他们的临床立场不相适应的信息,并可能由此带来信任上的风险。

从患者身上找临床感

从患者的角度考虑问题,是一名医药代表建立可信度的关键。近年来,医生也开始比以往更关注患者的满意度和忠诚度。越来越多的医生意识到患者的治疗质量,会影响他们的职业发展。

如果你面对的都是一些专科医生,他们所面临的患者肯定与那些普通门诊治疗医生或内科医生所面临的患者有所不同。专科医生常常遇到是那些患有严重的或反复发病的患者。他们还经常需要治疗同时患有多种疾病的患者,并且面临着联合用药的问题。他们之中还有许多人参与了各项临床试验,还担任着教学任务。因此,这些医生会更加注重药品的安全问题,包括药物相互作用。像儿科医生,还会更注重用药的长期安全问题。

并不是只有专科医生才更加关注不同患者的不同状况。由于地域的不同和种族的不同,一些全科医生也面临着这样的挑战。例如,不同人种对同一种药物的药代动力学指标会有不同,所以医生必须注意调整这些患者使用药品的剂量,以防药物在体内积蓄到危险的水平。患者的经济水平也会影响许多医生的处方决策。这些医生会更关注治疗费用,来确保他们的患者负担得起,并坚持治疗。

从医生身上找临床感

正像大多数人在接受信息时是有优先顺序一样,医生接受起信息来也同样有优先顺序。基于他们的优先顺序,有些医生特别关注某一层面的信息。例如,临床信息的优先次序是由STEPS方式组成

的，分别表示安全（S）、耐受（T）、功效（E）、价格（P）和简便（S）。

与注重信息的准确性一样，医生更关注信息的优先次序，这也是医药代表展开药物临床应用讨论的关键点。如果一位医生想首先了解药物的安全性问题，医药代表却从有关药物功效的数据谈起，医生就会认为医药代表的介绍带有偏见，尽管医药代表陈述的信息是多么的准确。另一些时候，尽管有些医药代表一开始也谈到了安全性问题，但总是一带而过，医生也会认为你提供的信息不够客观。

当然，医生不会自动地告诉你他们的喜好。因此，医药代表只能通过探询和聆听去发现他们的喜好。有时候，问问题是一件容易的事情，但听答案却不那么容易。有一个经典的说法："从销售问题到销售信息"，讲的就是问问题的目的是为了证实你的答案。但医生往往不可能以你预想的方式给出问题的答案。如果医药代表预设了医生回答问题的方式，现实中他们往往会听到失望的答案。因此，要多练习提问题的方法，当医生回答时要尽量保持沉默，仔细思考接下来要回应些什么，再接着做出适当的回应。

将临床研究转化为"销售"临床研究

有经验的医药代表知道虽然购药的患者才是最终的客户，但由于大多数时候医生是一个产品规则制订者或处方者，因此首先需要使医生深信药品对患者是有价值的。医药代表通过正确使用临床的研究数据可以获得较好的说服力，但医药代表要思考如何借助自己产品的临床研究数据来完成销售，而不是仅仅给医生呈现一些临床的研究数据就算完成任务了。

对于这种目的，考虑到推荐给医生的实际产品应该就是临床研究数据本身，因为医生最终必须承认临床数据的价值。因此，科学的试验结果、作者、出版的杂志等都会描述这个产品的特征。而医药代表常常呈现这些产品的特性却没有展示出产品的临床价值，因为医生的实际治疗都包含着对患者的管理，我们把它称为特征销售。

专业的医药代表认为利益销售远比特征销售更有效。从销售的目标人群看，利益定义了特征的价值。对于临床研究，利益则来自研究的临床意义。因此，销售临床研究的利益需要对临床研究的设计和格式有一个清晰的理解。

临床研究的阶段分类

一般来说临床研究分为4期。每一期临床试验代表即将上市的产品进入法规审批程序的一个评价关键点。

Ⅰ期临床研究一般是指一种药物在特小批量的健康受试者中或在小部分患有特指疾患者群中的作用评价过程。Ⅱ期临床试验研究是指首次对一种药物进行临床对照试验，通常有约100位特指疾病的患者参与试验。Ⅲ期临床试验研究是指广泛的临床对照研究，常常涉及几百人的疾病患者。Ⅲ期临床研究是指为药品上市获得批准而设计的临床研究试验。最后，Ⅳ期临床研究是指进行大规模临床对照研究试验，通常在药物获得上市批准以后进行的。Ⅳ期临床研究的用意是扩大现有数据，这些研究常常涉及对竞争产品的对照试验。大多数用于产品推广的临床研究都是Ⅲ期临床和Ⅳ临床研究的成果。

理解临床研究

所有的临床研究报告都包括以下几个部分：摘要、导言、试验方法、试验结果、讨论和参考文献。一篇杂志的文章摘要是给医生阅读的，而一份商业报告概要则是提供给公司经理阅读的。摘要一般是提供临床试验研究的总结论述，描写研究的理由、使用的方法、临床研究的结果以及讨论的要点。导言则是紧跟摘要的后面，描写研究的理由。试验方法部分或试验计划，详细介绍了试验是如何设计和执行的。在所有科学试验中，科学的方法是确定产生数据的有用性和可靠性。试验方法中都含有很多的重要指标，医生考虑的这些指标则是确定试验结果的有效性。

受试者的选择则确定了研究的患者人群，被称为N值。最普通的选择方法就是一致性（所有的患者具有相似的特性）或分级性（患者可具有不同的特征但能被分配到相似的研究组里）。N值越大常常表示可信度越高。

试验条件是涉及临床研究内各组给予的治疗方案。除了试验的那些条件外以及应用于这些条件，常常采用对照试验来消除可变因素。随机研究则涉及患者的选择和随机指定的条件。在安慰剂对照的临床研究中，一种无效的治疗（糖丸）将作为一项衡量标准条件。双盲研究则是寻找消除治疗得到的预期结果的影响。当只有受试者不知道治疗方案时，称为单盲临床研究。而当受试者和研究人员都不知道治疗方案时，我们称为双盲临床研究。随机、双盲、安慰剂对照临床试验的结果对指导临床医生的治疗具有最大的潜在价值。

研究类型是基于研究的目的而变化的。单组研究是用于评价一组受试者和一种条件下的临床结果。多组研究是评价一组受试者和多种条件下的临床结果。平行研究是评价多组受试者和多种条件下的临床结果。

试验参数确定了测量的可变因素，可能是客观的或主观的。客观参数会明确告诉你患者要测量的数据（如血压）。主观参数数据是需要解释的，如症状的缓解。

试验结果部分则是显示出临床研究的重要数据。但不会把所有得到的数据都告诉你。信息资料常常以图表等浓缩的形式展现出来。典型的数据是均值，即结果的平均值。这些通常带有标准差，即均值的数据差异。

通常数据需要进行统计学分析并在结果部分呈现出来。也许最常见的数据就是显著性水平，即P值，它代表概率（可能性），指被观察结果出现的概率。可信度区间（置信区域）是可信度的另一面，表示概率（结果不会发生的概率）。因此，0.05的P值意味着100次机会中，结果发生的机会概率是5次。这与95%的置信区域是相同的。临床试验的P值对临床医生特别感兴趣。

这部分对医药代表和医生是最重要的，也是他们所感兴趣的部分。这部分是对结果的说明，并提出研究者的试验结论。不仅讨论的是药物的有效性、数据统计学意义和数据差异性，而且最重要的是讨论了药物在日复一日对患者治疗与相似临床问题的相关性。临床显著性意义是指试验结果对医生治疗目标患者人群具有重要参考价值。

临床意义的数据（利益）

临床意义的数据是一份临床研究文献利益销售的起始点，对于医生来说这些临床数据代表着临床研究特征的价值。然而，临床医师不会完全都一样，他们不会以相同的方式来评判这些信息的价值。

有效的利益销售需要特别了解目标医生的需求和兴趣。尽管每位医生是不一样的，但总的来说，常见的医生经常具有一些相似的兴趣。按一般划分，医生分为两个大类：普通门诊医生和专科医生。一份临床研究文献的感知价值可能对于每类医生都是不同的，要根据他们的患者人群来设定。

一般的普通门诊医生主要是治疗大范围的患者，常常是转诊给住院医生或专科医生之前的第一门槛。与严重疾病相关的临床研究文献可能就超出他们治疗的范围了。专科医生一般是治疗特种疾病，且常常是更严重的病例。这类案例外的临床研究文献对于他们的工作没有多大的价值。

支持利益

销售临床研究的利益并不排除其呈现的临床研究的特性。相反，要强调与目标医生相关的临床显著性意义的信息。一旦医生参与讨论，医药代表要用临床研究的关键要点来支持这些利益。这些特性

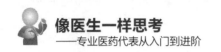

强调和证实了循证研究带来的利益。

临床研究报告的其他重要部分是试验研究的作者和具体发表的杂志。强调这些是要对研究出版物的临床价值产生更大的影响。行业意见领袖和尖端杂志由于提供有价值的临床数据的已建溯源记录,给特定领域的医生带来巨大的影响。然而,这些意见领袖和杂志的信息对非特定领域的医生可能价值很小或根本没有价值。因此,医药代表应根据目标医生选择性强调这些特性利益。

尽管许多临床研究报告特别陈述了临床意义的结果,但是成功的医药代表会去寻找如何理解这些数据的方法。了解医生以及他们患者的人群是了解临床研究能否给医生带来利益的前提,因为这是对他们治疗患者最有影响的。

> **临床试验的基本概念**
>
> 药品临床试验管理规范(Good Clinical Practice,GCP)是临床试验全过程的标准规定,制定GCP的目的在于保证临床试验过程的规范,结果科学可靠,保护受试者的权益并保障其安全。
>
> 合同研究组织(Contract Research Organization,CRO),是通过合同形式向制药企业提供新药临床研究服务的专业公司。CRO可在短时间内组织起一个具有高度专业化的和具有丰富临床经验的临床研究队伍,并能降低整个制药企业的管理费用。

让医生"反感"的问题

问题是一种用来让人参与和说服的很好工具。聪明的问题是一种赢得医生信任和尊重的可靠方法。然而,有时候不恰当的问题得到的效果可能适得其反。

在一份医生调研报告中显示,害怕听到医药代表走进他们办公室时提到的问题包括以下几方面。

- 恼人的询问。你走进你过去拜访多次的医生办公室。她一天工作排得满满的,明显压力很大,已无法关注你的提问。你却向前问道:"大夫,您看了高血压患者吗?"或"大夫,您有多少患者用过×××降压药?"这是你已有的信息,医生也知道。真的有必要再问吗?尤其像这样的一天?

  或者你会问:"大夫,您能告诉我您上周用×××药物治疗患者的成功案例吗?"

  如果你要医生积极与你交谈的话,这不是一个不好的问题,但这不是正确的询问时间。此时这么询问显示你的敏感和灵活性以及你的关注能力有问题。

  怎么说比较好呢?"大夫,我能看到您太忙了,不过,我能占用您一分钟时间吗?"然后确认提交有用和原创的文献。如果医生没有时间,你可能会问:"大夫,如果我今天不能占用您的时间的话,下次拜访时您能给我点时间吗?"

- 事先编好的询问。当你走进一位医生办公室时,实际上你能确定你并不是唯一本周医生要见的医药代表。所有这些医药代表中,哪位代表是医生期望见到的?肯定不是那些患有电话销售综合征的医药代表。

  每个人都知道为什么电话销售都有这样的坏名声。是因为电话销售中都是事先准备好的,它们没有任何创造力,所有的听起来是一样的。这类问题例如"药物×××对您的患者有效吗?""现在您在处方什么药给高血压患者呢?"

  没有必要的询问:有些时候医药代表询问医生的问题是很容易得到答案的,询问前台或护士就可以得到答案。医药代表应该花费时间询问医生只有他能回答的问题,例如:"谁是您最尊敬的专家?为什么?""什么杂志您最常读?""我做什么才能得到您的信任和尊敬?"等。

  避免使用事先编好的问题去询问医生就需要在你拜访医生之前

做详细的研究,再向医生请教。如"我从您发表的论文中看到您将××药物作为一线用药治疗××疾病,能否告诉我您考虑的重点是什么?"然后,仔细倾听医生的回答,让你的第一个问题自然出现在医生的言谈里。你要让医生把你当做一位善于探询、倾听和分离信息的医院代表。

● 占主导的询问。在很多时候很多医药代表都会问:"这种药品对于您的高血压患者是有益的,是吗?"很不幸的是,所有的医生都说他们不喜欢这样的询问。他们不喜欢这种主导的询问方式。这里还有一种医生不喜欢的问题,例如"这种药物对您很有帮助,大夫,不是吗?",较好的问题应是:"我们谈了很多关于某某药最新进展的利益,这些中哪一个对你最有帮助,为什么?"。

另一个明显的主导问题:"大夫,难道您不喜欢一个非常有效并且没有这些不良反应的药品吗?"医生会说不吗?这是一个没有帮助的问题。较好的提问:"什么不良反应对您的患者问题最大?"、"这些不良反应会导致什么问题的出现?"。

还有医生不喜欢被要求他们无法确认做出的承诺。例如,医药代表常常会问:"如果我有一种药物能减少或消除×××药物的不良反应,您会把这种药品作为一线用药吗?"。如果你要求的是医生有能力给出的承诺,例如"如果我能回答您关于我的药品中最关心的问题,您是否愿意做一次公正的临床试验?",医生将会做出积极的反馈给你。因为这是一种医生愿意做出的承诺。

● 会引起内疚的提问。医生还非常不喜欢这样的问题,例如:"您处方×××药品了吗?你应该多处方一些。""你是否能承诺使用我的产品而不用其他的呢?"、"您会处方这种药物吗?如果您处方了,就是对我的帮助啊"或"您能多处方这种药物吗?否则,我要丢掉这份工作了"。这些医药代表设计的问题会让医生感到不处方他们的药就内疚,这样的问题医生是很不愿意回答的。

● 极不普及的缔结提问。"大夫,我是否能看到您在看下午的患者时处方我的药品?"、"大夫,当您第一次碰上患有这种疾病的患者时,您会用这种药吗?"、"大夫,您每天能处方多少我们的药品?",理论上,这些可能是好的缔结,但是医生不喜欢被推着走。他们会积极回应这些问题,告诉你他们会处方你的药物,但真的是他们的意思吗?我观察了至少200次药品专业推广,当他们提出这些问题时,我看到的大多数医生感到不舒服。较好的提问:"大夫,我的目标是您能认识到我们的药物是对×××疾病患者最有益的产品,你需要我怎么证明呢?"。

医药代表与医生的关系应该是进取的,积极向上的。每次拜访应提供给你对下一次拜访有益的新信息。你的缔结问题应该保持提高医生的承诺水平。医生对你的承诺越多,提高处方的机会就越多。你应该提升自我认知的水平,每一次的销售拜访不应该是重复的,而应该向更好的关系方向前进一步。

目前越来越多的制药公司开始意识到"提问式"销售比"传达式"销售更有价值。如果你改进并提高你的提问达到10%,你就能提高销售超过20%。这就值得我们去努力做了。但是绝对不仅仅是多问几个问题就可以有帮助,你还要改进你探询的问题,这就意味着你的问题必须是计划好的并能很好使用的,一定要避免提出让医生反感的问题,以免适得其反。

用医生的语言和医生对话

你向医生推广你的产品时,需要掌握一些关键要素。什么会影响医生的产品选择?每一衡量参数有多大的权重?关于这些衡量参数是否有等级之分呢?有时参数是很明显的,例如产品是否进入医保目录、或产品的价格是否有优势,其他的大多数参数,如不良反应,药物相互作用等,只要看一下包装内的说明书就可以了。尽管与医生讨论临床研究并不是一件容易的事,但要有策略、勇气以及

很好掌握临床研究的情况就简单多了。因此，想要说服医生，医药代表首先要清楚自己应该如何去谈、何时约见医生呢？在拜访期间努力与医生讨论临床试验研究有多么重要？如何开场与医生的临床对话？

医药代表应该做的第一件事是判断一下自己的临床研究究竟在医生的决策过程中能有多重要。有很多的线索去寻找：你可以去图书馆查一下医生研究的领域？他们发表过哪些文章？看看他们是否参与一些临床研究？他们的学术地位如何？他们是否在医学院里教书？如果是这样的，可以假设这类信息是重要的。但在以后，要想了解更多这类信息就更难了。有时，你不得不外出，去询问临床试验到底能对医生产生多大的影响。大多数医生都会告诉你，临床研究结果对他们有很大的影响，但实际上，临床试验对许多医生来说，其影响力比你想象要少得多。不幸的是，许多医生既不选择阅读最新出版的杂志也没有时间去阅读。很多次在他们阅读后，还可能不理解你的研究结果。各方面传递给他们的信息，大多无法应用到他们临床实践上，有时候尽管理解了你的研究成果，但很多医生会马上联想到很多类似的产品，而不仅仅是你的产品。

打开话匣子可能是比较难的事。如果你只是将临床研究报告直接拿给医生阅读的话，可能无法获得医生积极的反馈。你可以提及先前的研究，因为已经有了很多这类药品的相关信息，可以为你奠定了一个基础。例如，你可能说"大夫，像老年性高血压的多中心临床研究试验，欧洲的临床研究系统已经清晰地证实了治疗老年高血压带来的价值。这些研究都已表明治疗高血压的老年患者大大减少了猝死、心肌梗死和心力衰竭的发生率。我有一项新的临床研究表明我们的产品（药物×××）对于治疗患有高血压的老年患者是有效的。与安慰剂比较没有明显的不良反应。"现在你已建立了在该领域的你熟悉的里程碑研究，并提醒医生在这样人群中治疗高血压所带来的利益。准备在这点上详细讨论你提及的里程碑研究项目。你应将这些研究的复印件或总结材料带在身上，以防医生向你索要资料。当你呈现信息时，确定你很熟悉循证医学的概念。确认是以这样的一种方式设计你的研究，将数据推论到疾病本身的更广概念。

医药代表在推广中应该忠实于临床研究报告，不要试图阐述比实际报告多的东西。如果研究样本量较小，但前沿的研究，就要承认这项研究限制对总体人群的运用。如果研究样本量比较大，要试图将其临床结果与那些其他较大的已在过去几年发表的研究联系在一起。甚至提及到你竞争研究的结果。一般而言，应采取认可这些研究价值的方式。不要把结果按一种方式去对你的产品和竞争的产品进行比较。你很难通过两个不同的研究直接去对比两个产品之间的问题。

在推广中如果医药代表能提供给医生临床指南的话，一些医生将非常感谢你。提供给内科医生美国心脏协会最新关于心衰的治疗指南，给他们美国糖尿病协会关于糖尿病治疗的最新指南，这些指南对于医生在临床上是非常有用的。随时引用临床指南会使医药代表更具有临床专业性，其结果，医生也会更高度地评价其的临床信息。

当你与医生在一起的时间有限时，很难在推广中与医生讨论一份临床的研究结果。也许你只有一点给样品时让医生签字的时间，在这种情形下，运用犀利的谈话可能会引起医生的关注。例如，"新的JNCV Ⅱ指南已经颁布了，药物×××被推荐为治疗高血压的一线用药。如果你想要一份这些指南，我很愿意提供给您"。这时你也许伤了医生的兴趣尊严，但同时也争取了一次更深度对话的机会。

如果你能与医生成功进行临床的对话，会得到巨大的回报。你在医生眼里的专业地位会改善，信任度会提高，你将不仅是以一名销售人员，而是作为一名咨询师服务于医生。

专业精神

了解医生的行为与心理　172
如何赢得医生的信任？　178
说服客户的6个原则　181
针对医生动机的个性化销售方案　186
针对医生个性的销售方案　187
针对医生行为风格的销售方案　191
赢得医生忠诚度的3个阶段　192

9

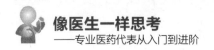

了解医生的行为与心理

学习使用"阶梯工具"

曾经有一份研究报告发表于麦肯锡季度杂志,研究显示医药代表在拜访医生5次以后才能获得一次与他谈话的机会,而时间还不到2分钟。研究进一步发现如果100名销售代表都去拜访医生,只有20位能得到与医生谈话的机会,而在这20人中,只有8位医药代表能被医生记住。随着拜访医生的医药代表数量的增加,医生必须应付多个医药代表销售类似的药物。在如此激烈竞争的环境中,医药代表如何传递信息并得到准确的反馈呢?

- 使用语言跟随技术。这种方法就是使用跟随技术使你传递的信息更引人关注。跟随技术是一种快速与医生建立亲和关系并进入他们的真实世界的方法。跟随技术是源于神经生理学的一项研究,研究人如何在内心中获取信息并做出反应。研究表明只有7%的沟通是说话,38%是语音表达,55%是生理表达(姿态、手势和面部表情),这就意味着大部分沟通是发生在意识外部。这是一种通过医生下意识的反应与之接近的方法。而语言跟随技术是要医药代表匹配医生的语言表达(语言行为)、生理(非语言行为)、知觉方式、决定策略、价值和信仰的跟随技术。

  建立亲和关系是建立信任和沟通,也是下意识层次获得的。人们通常会比较容易接受像自己的人。通过匹配说话的速度、音量水平、节拍和音调,结合伴随语言的行为(姿势、手势和呼吸),将会帮助你进入医生的真实世界。当你回答时,你要将"我像你一样,我理解你"在下意识上表达出来。当你配合医生时,他们会感觉到,而你也会感觉到双方亲近的程度。

开始谈话为了训练语速,从语音开始,因为这是建立亲和关系的最快方法。从语速和音量开始,是最容易跟进的。提高或降低你的语速和音量来匹配医生的谈话节奏。

研究已确认人们有一套内部的表达系统(我们如何处理信息来努力理解事情)。包括:使用图像(显示、看见、出现、示范、显现);使用声音(声音优美、听到、说话、听从、音调);使用感觉(接触、感受、具体、抓住、抓牢、拿住)。

一旦你理解了医生的表达系统,你能借助使用适合的措词,结构化你的信息去适应医生处理和理解信息的方法。

- 用眼睛感悟。确认医生如何处理正在讨论信息的方法是观察医生的眼神转动。一般说,对于右手干活的人,神经生理学告诉我们,如果他朝他们的右边(你的左边)向上看,他们是描绘他们以前从没看过的事;朝他们的左边(你的右边)向上看,表示他们正在描绘以前看过的事;看他们的右边表示他们编制他们要说的事;看他们的左边表示他们正在回忆以前说过的事;朝右边向下看表示他们内心正在经历某事;朝左向下看表示他们有话要说。

了解了这些,通过细致的观察,医药代表就能够读懂医生在与之交流时的"潜台词",这样医药代表在与医生交流时,医生就会感到自己的意思对方十分清楚,感到自己被理解。

- 决策时间。跟进的下一件事是医生的决定策略。每位医生在脑里已经有了一个挑选药物或处方药物的策略过程。决定策略的三个关键因素是决策的标准、决策证据以及决策动机。影响决策的第一个因素是决策标准,医生评估药物的参数(功效、安全、依从性、成本等)和重要性排序。你如何去决定处方一种特定药物?评估一种药物时,什么对你最重要?你如何在同类的领域内区分药物或在相似的治疗方案之间做出决定?你考虑的最必要的因素是什么?重要性排序是什么?你会用什么关键标准来区分两种药物？影响决策的第二个因素是决策证据，如何验证或确认规定的标准？你如何评价药物的功效和安全性等方面的？当决定是否认可一种药物有效和安全时，需要什么证据？你如何着手评估每项标准？在开始处方一种药物之前，你如何确认治疗方案将是有效安全的？一位医药代表应提供什么最重要的数据给你作为一项证据来源？影响决策的第三个因素是决策动机。什么促使一位医生进一步讨论和处方药物？处方药物×××时你最犹豫的是什么？在你处方药物×××时，你要避免什么事？现在在什么环境下你会处方药物×××？什么因素导致你改变现在的处方习惯？你将要给患者开出治疗方案，什么决定了你选择一种治疗方案而不是另一种方案？当医药代表了解了医生的决策过程，就能定制相关的产品信息来符合医生的需求。

医药代表在药品推广中如果能够熟练运用这些沟通工具，就可能取得很好的效果。有一位医药代表运用这些技巧后，他得到了70%的市场份额增长。你也想得到相似的结果吗？熟练掌握和运用这些沟通技巧吧。

设计销售沟通方式

医药代表能够与医生顺利沟通的另一个窍门是要设计销售的沟通语言，而不是随意销售。

怎么做才能设计出销售沟通的方式呢？首先需要的是：使用积极的语言、行动的话语。医药代表既要考虑使用的语言又要考虑语句的结构。所以，医药代表应做的第一件事是确认自己的信息是使用积极的语言和行动的话语来传递的。例如，由于你处方×××药物，你会看到……你需要使用药物来控制……处方药物后，你可以确信……

举一个具体的事例，假如一位医药代表在为医生概述一份临床研究结果:"在这项临床研究中,我想我有一种药物可能帮助你治疗……(被动的谈话)",现在变成主动的谈话,"在一项临床研究中,这种药物对你是有益的,处方×××药物后,你就能控制××疾病的发展了……"注意到这两种谈话方式之间的差异了吗?当你使用主动的谈话方式和有效的话语,你给予听者一种呼唤行动的感受。

耶鲁大学的一项研究发现,语言中12个最说服力的词汇是:"你(您)、钱、节省、新、结果、容易、健康、安全、爱、发现、证明、保证"。

当讨论你的药物时,你应该尽量使用这些词汇。此外,句子的结构也很重要。"在临床研究中,这种药物能帮助你实现治疗目的,处方这种药物,你就获得治疗的效果,所以你能控制……",用这些词汇能增加影响你销售的信息。

心理学研究人员发现句法的变化或句子的词汇排序变化,对听者具有不同的效果。

建议隐藏在对话中,结构化从下意识层次打动听者。因此,对听者的影响超越了明显的用意,巧妙运用好语句,可以从潜意识层面拉住医生的想法。

有计划的销售,还要能达到医生的要求。你曾经在公共场合外,听到有人喊你的姓名,然后转过去发现他们并不是在喊你吗?我们条件反射地回应我们的名字,医生的姓名是在产品介绍时我们能使用的最有力量的话。当你使用医生的姓名时,你确实唤醒了他无意识的想法。这种内涵的建议对他们的影响最大,具有累积效应。在你进行产品介绍期间,当你运用了许多内涵的建议,医生会开始感到不得不处方了。所以,在你内涵建议之前,你再提出医生的姓名。当然也能用"您",因为这也是12个最有影响力的词。实际使用的例句包括:"我想知道您现在是否愿意处方×××药物?""×大夫,请记得,这种药物在这类药物中其耐受性最好"、"×大夫,当你使用×××药物时,您将会有一个高耐受性的治疗方案给患者了"、"我好奇您是否考虑过耐受性作为一个关键的决策因素。"使用建议口吻并提到医生的名字,从潜意识里可以让医生比较容易执行

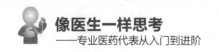

这些建议。

良好的销售沟通，还要小心消极的言语。消极的表述，如"您不必担心安全问题"等。其实"不必担心"是一种深刻让人担心的建议。相反，用积极的语言"确信"来替代消极的"不必担心"，例如"我确信使用×××药没有安全问题"，更能给人信心。

如果选择使用消极的口气，要巧妙地使用，而不是随意使用。例如，"您不必给每位病人处方这种药物。"

最后要注意词汇"试"的使用。"试"描绘无意识下的困难。所以不要问："您会试一下我们的药物吗？"你要求医生使用你的产品，就说"你会使用一下我们的产品吗？"好了。

当你有意识地设计自己的推广细节后，你会取得令自己都惊讶的结果。因此一定要记住：<u>要设计销售而不是随意销售</u>。

如何让医生做决定

如何让医生做决定，这需要你的销售信息变得更为有效。我们从心理学的角度去分析医生的行为，并聚焦到你介绍产品的结构上来帮助你创造更引人注目的销售信息。

就像先前的文章讨论的一样，每位医生选择一种药物治疗的过程一般由三个关键因素组成。

- 决策标准。医生建立评估产品（如方便使用、功效、安全、快速、成本等）的参数和重要性排序。例如，医生是如何决定处方一种药物的？在评价一种新的治疗方案时，什么对他最重要？
- 决策依据。如何验证或确认已定的标准？例如，医生如何评估方便使用、功效、安全、快速、成本等？当你确定一种药物是否有效和安全时他需要什么证据？
- 决策动机。什么促使医生采取下一步治疗方案处方产品或不采取行动。例如，医生使用这种药物的顾虑是什么？在什么环境下他处方这种药物？

一个决定策略的过程包括三个阶段，出发点、循证依据和做出决策。让我们考虑策略的每一个阶段。

① 出发点。当你为医生做一次产品介绍时，重要的是他当时已经进入了角色，他正处于决策状态之中。了解医生的出发点将使你帮助他做出决策。以下一些问题能帮助你确定医生的出发点："您什么时候可以做决定？""您怎样才会知道该做决定了？""什么使你对新药感兴趣？"

② 循证依据。通过下列问题，你能探寻了解医生如何通过循证选择治疗方案的。你如何评价两个方案的优劣？什么样的临床结论能令你做出决定？

③ 做出决策，实际决定的过程。如果你知道医生如何做出决策，你将会更成功地获得医生的承诺。这里有一些你可以问的问题例子：什么标准满足你最后选择该药作为治疗方案？

记住，盯住医生的眼睛，因为他们会告诉你线索。你要善于用你的语言和销售信息来探询医生的决策策略。例如，你请医生描述一个关于使用新药所做的决策。他会反馈给你："医药代表给我看药物能治疗的疾病（眼神朝左向上，标记他是用图形在记东西），然后我们谈了我感兴趣的关键特征（眼神下昂下朝左，表示他正有一个内心想法），最后，感到像是我想要给患者使用的药物（眼神向下朝右，表示内在感受或经历）"这位医生的出发点是通过视觉——他需要看到DA，他的决策依据是自我对话，他评估选择如何满足他的标准。他的决定是通过感知做出的。

知道医生的治疗决策有多么的重要？请看一个医药代表的经历："过去的几年，我拜访了无数的医生，了解了他们在治疗上是如何选择药品的。在每个面访后，我运用相同的内容、不同的策略向医生作了两次产品介绍。当我请医生比较一下这两次产品介绍时，他们都偏爱根据他们的特点定制的产品介绍。当没有考虑他们的决策习惯而呈现相同的内容时，典型的反应是他们感到时间被浪费了"。所以，如果你想要避免浪费医生的时间，你就要识别他们的决

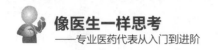

策习惯，然后结合你要介绍的内容再针对医生的决策习惯来制订一个有效的产品推广介绍。

如何赢得医生的信任？

"你好，××医生，我真的很感谢你今天能抽出宝贵时间见我。我回顾了先期拜访你的笔记和了解到你一直在处方我们的竞争产品，我一直想告诉你，我们的产品比您目前使用的产品更有优势。您作为具有10多年经验的职业医生，结果在您处方频率最高的产品竟然是目前最不常用的××药物，如果您再用这种标准去治疗您患者的话，开玩笑地说，您就应该去进修学习了"。当然，如果用这样的口气直接对医生说话，就会被医生直接踢出办公室。尽管这样的例子听起来很极端，有时代表还是忍不住会使用这样的方式。理由是简单的：一位优秀的医药代表对自己的产品和公司总是充满热情的和期待，确信自己公司的产品比竞争产品更有优势。很多情况下，人们是不会为一家自己不尊重、不信任的公司推广产品或服务的。同样地，医生选择处方时，也只会选择他们信任的，认为会帮助患者的产品。因此，不要攻击竞争对手，不要触怒医生。但是，进行一次公平（没有偏向）的产品推广是你要做的最重要事情之一，可提升你自己和产品的可信度。

当你涉足销售，你会接触到各种销售模型、方法或理论。这些典型的销售技巧理论都会涉及几个步骤：如拜访前的计划、拜访的开场、探询、呈现特性和利益、处理异议、获得同意、缔结。而在销售拜访中当你呈现产品给医生时，可能会被问到你的产品与竞争产品比较的相关问题。对应这些问题，一些公司的培训部则认为你应尽可能少提竞争对手，或当讨论竞争对手时，少提使用通用名产品，而讨论你自己的产品时，少提品牌产品。不幸的是，这两种策略都不足以指导医药代表去公平呈现自己的产品。公平呈现是使医生对其产品的优缺点都有认知，以这样的方式去呈现自己的产品。此外，公平的产品推广应显示你的产品与竞争产品比较的优势。一位真正专业的医药代表这两方面都能做到，同时又不会伤害医生的尊严。

有研究者调查了广告的单向和双向诉求，单向诉求只呈现正面的产品信息，双向诉求则展现正反两面的产品信息。结果显示双向的广告被认为比单向广告诉求的更可信。就像你能看到的一样，公正的产品推广对于广告客户或推荐人来说能更有效地获得信任。一些小窍门可以更公正地宣传你的产品并提高医生对你的信任度。

- 了解竞争对手。访前计划和了解医生在处方什么竞争产品是不够的。你还需要了解足够的竞争对手产品信息才能有效地呈现关于你自己的产品和竞争产品的正反两面信息。单向的诉求通常被认为是不可信的。你应该呈现产品的获得肯定的方面，但也要呈现出1~2个负面的信息。

  消费者行为研究显示，消费者权衡负面的产品信息比正面的信息更重，所以如果你要做一次公正的产品推广会，就必须要有积极的一面也有缺陷的一面。一位医药代表告诉我，她总会努力呈现自己产品的有利的一面，并努力与竞争产品区分开来。但她也会直言自己产品可能出现的不良反应。她通过指出一项不良反应，获得了很好的信任，人们也相信并记住了她产品的优势。当然，她也努力降低了不良反应的负面影响，她指出所有产品都是具有不良反应的。

  了解竞争产品的一种方法就是回顾他们产品的说明书。建立一个合页夹用于收集关键竞争产品包装里的说明书并在任何可能的时间学习阅读。

- 差异化竞争对手。让我们假设医生是你竞争对手的高处方医生。如果医生开始更多地处方你的产品而减少他们的产品，很快竞争对手就会问医生为什么。为了防止医生再次转换回原有的处方习惯，你需要将自己的产品在医生脑里与竞争对手的产品区分开来。

基本上你要给医生一个理由让他给某些患者使用你的产品，而竞争产品则用于其他患者。例如，我最近为医生作了一次产品的推广介绍，结束时医生直言问我："是的，我可以使用你的产品，但我应该如何向其他公司的医药代表解释？"我回答："告诉他您是有针对性地给依从性差一些的患者使用他的产品"他觉得这是一个满意的答案。当你与竞争对手区分开来，你就不需要去攻击竞争对手。给医生一个他能感觉舒服使用竞争产品的空间。

- 回避攻击竞争对手。不要攻击竞争对手的医药代表或他的产品。当你进了医生办公室，有时医生或其他工作人员会极力把你引进讨论竞争对手产品的话题。"你的竞争对手他们说……"选择如何回应取决于他们说了什么。如果是一个人身攻击，你应该回避，而不是参与闲谈，尽力说："他一定是碰到什么事情了心情不好才会这么说的。"如果说法是针对你的产品，当然要表达关心，指出你很高兴其他医药代表提出来，并指出上次你一定没有有效地说明那点。正好借此做一个公正的产品介绍。其实医生的兴趣不同，有些医生更想知道通用名的产品，而另一些更倾向于品牌产品。一个窍门就是先提通用名再提商品名，让医生了解整个种类药品的特点，再突出自己的产品。

作为一名医药代表，你既要充当产品的代言人还要充当医生与你公司之间的主要联络人。你的最大利益就是要做到被高度信任。消费者行为研究已经显示，改善可信度的一种方法就是给予更为公正的产品介绍。如果你按照以上建议并执行更公正的销售策略，你会发现你的可信度已经提升了。确认的方法是医生向你询问关于竞争产品的临床问题，因为他知道你会给他一个可信的答案。总会有竞争产品在某些方面比你的产品更好，

专业精神

然而，公正的产品介绍，可以让你比你的竞争对手变得更可信。

说服客户的6个原则

根据数十年的社会心理学专家研究，发现有六项基本的人类行为倾向。作为一名医药销售代表，了解这些倾向，以及它们如何影响消费者的行为，可以让你比较容易得到客户的承诺。

六项说服原则不只是简单的"生意招数"，而是基于30多年的一些问题的研究成果，这些问题可以促进一个人对某一要求的依从。说服原则背后的大部分的研究是根据说服专业人士的实践获得的，像营销人员、广告者、销售人员和筹款人等。这些原则分别如下。

- 同僚验证
- 和谐
- 务必回馈
- 价值
- 证据
- 谈判与跟进

同僚证实

同僚证实的原则，是指同僚影响人行为的方式。这个说服原则是以理论为基础，认为从事某事的人数越多，效仿跟随的其他人也越多。同僚证实的具体体现包括：给予其他成功使用你的产品或服务的客户奖励，即通过向成功使用产品的医生奖励，来刺激其他人的跟随依从。

医药代表一般是通过讨论其他专科医生在特定领域所做工作来运用这一战术策略。提升医生（特别是那些缓慢做出改变处方习惯的医生）对产品的信心，并决定处方产品。当然，并非所有医生都会受到同僚做法的影响，但随着时间的推移，你将学会认可那些重视同僚证实做出治疗决定的医生。与这些客户讨论的时间越长，客户名单越长，其效果更大。

> **提示**
>
> 当向通常愿意尝试新的疗法或改变处方习惯的医生进行专业拜访时，提供一些推荐书以借鉴产品的早期专家和倡导者的意见，如研究调查人员和临床试验的作者。保守的医生不会过多受到在该领域"创新者"临床实践的影响，他们更感兴趣的是大多数同僚的切身经验。

和谐融洽

和谐融洽的说服原则是基于人们与喜欢的人交往时，更有可能做出承诺。所以通过制订一项计划，按部就班，最终与关键处方医生建立融洽关系，你将可能获得更多的承诺。

与客户建立融洽关系，不仅仅需要表现出随和、友善，更要寻找与客户单独建立联络的机会或相似之处。举例来说，尝试找出他们最喜爱的消遣是什么；看看他们办公室墙壁上的悬挂物来取得他们兴趣的微妙线索。不要用个人问题去盘问客户（在任何情况下不建议的问题），你可通过聆听他们说的话简单得知什么对他们重要。

社会心理学的实验证明外表很重要。在这种情况下，外观并不是指一个人的吸引力，而是要以何种方式展现自己。如果你把自己当作一个专业人士、一个足智多谋的合作伙伴，比起其他医药代表所表现出的非专业的外表或风范，更有可能获得客户的承诺。

提示

> 更好地了解你的医生以确定他们在谈论之前是否有兴趣寒暄。有些人总是匆匆忙忙，他们一般很少会花时间来和你随便聊天，而另一些人则可能喜爱交际并喜欢整天与他人互动。针对不同的客户，应该采用不同的方法，但最终目的都是与他们建立起和谐融洽的关系。

必要的回应

必要的回应被称为"守则、互惠互利"，必要的回应就是所谓的"礼尚往来"。这一说服原则是基于免费赠予客户物品的普通销售做法。在药品销售中，往往采取增值形式来表现，如处方药品样本、管理实践工具、临床资料、治疗指南和教育节目。心理学实验证明，当你赠予某人东西时（时间、精力或材料），他在心理上会有可能觉得受惠而想要报答。这就是为什么我们会超越拜访职责去提供优良的服务给我们的客户。

必要的回应原则不仅仅是馈赠礼品或小恩小惠，它也适用于向双方妥协的办法。如果你提出请求被客户拒绝，你可能通过一个较小的要求来做出让步，然后，你的客户可能自发地做出互惠让步。实验表明，"如果你不能做到这一点，你能……"三倍的努力才能让客户依从你的想法。

提示

> 根据你与客户的关系，不要害怕去要求最有可能的承诺；万一遭受拒绝，可能是你要求过高了。要求敢于承担风险的医生比不敢轻易改变处方习惯的医生做出的承诺更大。决定最有可能的承诺是要在拜访前做出计划的，根据医生使用你产品的经验，也能确定你愿意得到的最低承诺。

价值

你的产品能带给医生、患者和医院管理者的价值就是关键的说服原则之一。很明显，推广类似竞品优势的产品在客户心目中的分量不大。与其他的治疗选择相比，如果你的产品没有一个特别有价值的利益点，你获得承诺的能力可能更多是基于你的信誉和融洽关系，而不是产品的优点。而价值是最有力的能够提升客户对产品需求的因素。

独家产品或服务的信息比适用于整个类别药物的信息更有说服力。证明某一产品与其他竞争产品相比更有优势的研究价值超过证明某类药物比其他药物更有效的研究价值。信息越具体，给客户的价值更高。

提示

> 要注意与主要客户建立关系，密切关注他们认为重要或有价值的不同的治疗方案。有些医生更看重疗效，有些医生更注重比较小的不良反应，有些医生更在意患者使用药品的依从性，不同医生对药品价值的判断可能是有偏差的。医药代表需要学习这方面的信息资料，以便于以一个更具个性化和说服力的方式，去迎合客户重视的信息。

证据

证据的原则是基于一种理论，人们想要得到对一主题真实权威的意见。在药品销售市场中，证据是指用临床数据验证你对某一产品的索求。设计良好的研究取得积极的结果，由该领域的专家发表在有威望的医学期刊，是医药代表的最强大的沟通工具。

临床试验表明产品的安全性和疗效需经国家药品监理部门的批

准并印制在药品包装里的说明书上,其他临床文章在经医疗和法律事务部门批准后,重印供实地使用。请记住,千万不要使用在该领域至今尚未得到公司批准使用的任何临床资料。无论你认为其影响有多大,都要小心比较两份临床研究的结果。不公平和不准确的产品比较,可能使你的信誉受到损害。

除了提供证据来支持你产品利益呈现,你还应该以专业的视角验证自己。如果适当,不要犹豫与客户分享产品的临床成果、你的经验或专长。如果你在一个特定领域是专家,那就充分利用你的优势。

> 最新的临床资料对于愿意尝试新疗法的医生来说,更有说服力。当临床试验结果与医生在临床实践中看到的结果类似时,数据也更有说服力。当拜访较为保守的医生时,要花时间慢慢通过临床资料,使医生乐于接受试验的结论,要耐心地让他们关注数据并探询他们的想法,而不是立即让他们改变处方习惯。

谈判与跟进

谈判的目的是获得一个结果,在付诸行动之前最起码要获得一个承诺。但很多时候,医药代表通常不愿意要求客户做出承诺,因为他们不想被拒绝。因此很多时候,一名医药代表拜访一位医生,详细介绍产品,但却不提出任何业务要求。其实通过谈判和后续跟进,医药代表是可以要求一个结果的。只有你要求承诺,并等待客户口头确认,他才更有可能后续跟进他的承诺。这是特别有效的词组——缔结,使用的字眼:"您会……?"并等待回应,引导客户做出一个公开的承诺。公开承诺就是未来的直接行动。

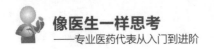

> **提示**
>
> 不要求缔结就离开客户的拜访，会让客户感到困惑。医生也期望你要求处方产品的承诺。记住根据每个医生处方习惯来要求最合适的承诺。或者记住请求一件很小的、不起眼的小事，以防你最初的请求被拒绝。

针对医生动机的个性化销售方案

明显和潜在的动机是驱动我们采取行动的动力。同样，医生做出处方选择也是基于不同的动机。你对客户的动机理解得越好，就越容易说服他们。为了更好理解什么动机促使医生行动，可以首先将医生进行分类，把所有的医生放进这个分类模型，将帮助你更个性化地推广。

根据医生的动机可以将他们分为以下几类。

- 患者驱动。这个类型的医生将患者的利益置于至高无上的地位。如果让他们觉得与你的合作会损害患者的利益，他们是绝对不会接受的。

当你呈现数据给这类医生时，他常常会拒绝信息，因为他们会认为"没有什么比我亲历的经验更重要的东西了"。他也会反驳你的数据，告诉你他有独特的患者无法运用你的一般数据，因为事实上没有两个患者是一样的。

你应如何接近患者驱动的客户？第一条原则：事实上适用于你所有的客户，就是密切合作。如果让客户感到你是他的合作者，你的其他工作会更容易被接受。所以你也必须是以患者为优先。当与这些客户沟通时，要努力突破医生与药厂之间的障碍，提供患者驱动的教育资料，强调你公司对贫困患者需求的关注。

专业精神

显示你和你的公司如何与这些医生合作提供更好、更经济的关怀给他们的患者。这样做会定为你成为一名合作者而不是一名销售人员。

- 数据驱动。这些医生把自己看成意见领袖。这些医生是视觉导向型,他们喜欢接受医药代表的文章和图表资料,喜欢统计资料和循证医学。他们不喜欢的是给他们一些毫无依据的信息。他们一般都富有组织能力,常常智力超群,但表面上却不是太友好。数据驱动的医生对医药代表的态度常常呈现高度个性化,常常是依据他们在与医药代表交流过程中的个人感受而做决定的。

当你给这些医生推广产品时,依据近期文章介绍产品,要把谈话控制得精练。这些医生通常相对武断,如果没有展示出他们认为重要、真实的信息,就会认为你在浪费他们的时间。

- 利益驱动。必须承认,在医生价值没有能通过正常的收入体现的社会现状下,有些医生陷入到了利益驱动的漩涡。一些医生在判断药品价值时最重要的考量因素是可能给自己带来的利益。医药代表在面对这样的医生时,一定要遵守法律,因为这个底线是不可以触碰的。

针对医生个性的销售方案

作医药代表的时间越长,就越有可能熟悉不同个性类别的概念和它们是如何在销售中影响你的成功的。把个性分类成四大类(称为气质)的概念要追溯到公元400年前希腊哲学家希波克拉底和亚里斯多德。四种气质的理论要求人们在某种程度上要具有所有这四种个性类型的特征。但大多数人具有1~2项主要的气质。为了简单处理,我们简化个性类型的概念,使之更易记忆,我们运用4个

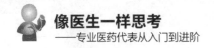

独特的名字来表示个性类型：规则革新者、完美主义者、聆听者和健谈者。

- 规则革新者。你一直耐心地等待张医生快一小时了。终于进入了他的办公室，可在你要跟他谈话时，他却似乎很忙，桌上摆满论文。他不时的要查一下邮件并装一下他的运动包，没说几句，他披上外套又匆忙出门了。他告诉你，很感谢你等待和他会面，但他只有下次再和你谈了。而且下次可能又是重复这次的遭遇。

  你刚才遇见的是一位规则革新者，在医学领域里是一位工作紧凑、敢于冒险的医生。这类医生看起来突然甚至有时粗鲁，他们容易心烦意乱、厌倦。他们经常不可预测、很紊乱。作为医生，他们工作节奏很快，喜欢冒险，很感兴趣中意的信息。他们是新药的早期处方者，临床实验的试验者。一般是外向的多，有时脾气暴躁、反复无常。

  策略：规则革新者的兴趣不会很长，所以很快切入观点。他们快速走动，处方一种产品的效率令人兴奋。他们不会公开关心不良反应、成本、治疗指南或医保报销药物的问题——他们最感兴趣的是结果。他们比其他个性类型的医生更可能处方一种新药或处方一种不在首选协定处方中的药物。一种崭新的完善的治疗观点的前景总是令规则革新者兴奋不已，但是这些医生可能刚刚采用上一个方案就又马上转向下一个新的药物。他们的忠诚度很难保持很长的时间。所以要额外地努力跟进这些医生以维护你的市场份额。如果他们冒犯了你，不要太在意。

- 完美主义者。你来拜见医生，他准时见你，几乎准时到分秒不差。他很爱干净，办公室井井有条。他耐心地听你的讲话，当你展示视觉辅助材料时，他问了几个问题。最后他说："这份推广单页不错，但我需要看到实际的临床数据。如果没记错的话，不良反应的发生率包装盒里的说明书比这份临床研究高得多。这是公司赞助的临床研究吗？对于这件事，因为我刚在美国前沿看到有98%由行业资助的研究论文报告其调研的药物都是阳性结果"。他指出了数据中的很多漏洞,并对临床研究的入组数量、P值、受试者的定义以及24小时的药代动力学等提出了意见。你离开时得到了截然不同的感受,这位医生比以前更不相信你的产品优势。他似乎也痛苦地忠诚于该领域药物在许多年前介绍的第一个产品。

这位医生是一位完美主义者。与规则革新者恰恰相反,完美主义者总是依照书本并反对任何形式的改变。这些医生是产品推广的挑剔者,会有意测试你,看你是否知道你在谈什么。和规则革新者一样,一般来说他们属于外向型医生,想要掌控他们的周围。他们不喜欢冒险,固执在一种药物的治疗上,直到绝对见到处方另一药物的具体利益才会有变化。想得完美主义型的医生的认同是很难和费时的(在他们同意改变处方习惯之前需要进行多次的拜访),可一旦他们承诺处方药物,他们就会非常忠诚于该药物很长一段时间。

策略:对完美主义型的医生最重要的事是需要进行专业的产品介绍,不要广泛介绍,对他们要耐心,要准备面对他们的很多的问题。跟这些医生沟通需要提供准确的信息,关键是慢慢稳步得到他们的信任。花时间确认他们愿意接受所有的数据。要求小小的承诺来建立信任。得到完美主义型医生承认是相当有挑战的工作。

- 聆听者。这类型医生会用微笑和似乎真诚的方式迎接你,对谈话内容感兴趣。他静静地、耐心地听你讲,脸上一直带着高兴的样子。然而,你会发现他未必真的听进去了你的产品介绍,他很少问问题,也没有反对的声音。当要他做出承诺的时候,他似乎显得犹豫。

与完美主义型医生一样,需要花时间才能赢得聆听者的信任和忠诚。这些医生通常比较安静、文雅、有耐心。他们的行为风度很少改变他们的处方习惯。聆听者是典型的内向型,懒散、自在、有时害羞,他们不轻易发表他们的想法和意见以避免冲突发生。

策略:如果你面对一个聆听者类型的医生,请减慢一点你的步伐，不要让这些客户不舒服。努力变得更服从他们。聆听者是使用开放式问题提问的很好听众，不要提出仅用一字回答的问题。以一种聆听者早期谈话的方式的短语提问，因为要花一点时间进行热身谈话。吸引聆听者，通常他们需要以药物的安全、有效和耐受为依据提高他们的兴趣。他们不想冒险，会保持一种等着看的态度对待不同的药物。要有耐心，不要性急一上来就要求大处方，否则你会发现聆听者将来永远不会使用你的产品。

- 健谈者。这类型医生总是接见你。她大声、活泼、爱吸引别人的注意。今天她戴着一副特别的火鸟型耳环，配着她的粉色鞋。她迟到来见你是因为她一直在跟她现在巴黎的妹妹通电话。你与她谈论一些有关巴黎的事，她就能给你讲出所有的有关她妹妹相关的故事给你听。难道这不是一次很好的谈话机会吗？唯一的问题是你从没得到时间与她谈论你的产品，怎么会这样呢？

这是常见的案例，当你与一位健谈型医生接触时。也就是四种个性类型中最有活力和热情的一种医生。这些医生很高兴与他人谈论，甚至以牺牲其他人的时间为代价，他们想被每个人喜欢，也想对其他人友好，这就是健谈型医生。问题是许多销售人员同样也是健谈型的人。当这两种人在一起时，往往导致谈话偏离主题。

策略：向健谈型医生推广产品的关键是对这样医生的专业拜访一定要有很强的计划性。不要很快进入工作的主题，会使得她受到伤害，因为健谈型医生喜欢在谈论工作之前能真诚地友好交流。然后，按计划开场从谈话中转移到工作。当向健谈型医生进行专业推广时，碰到打扰和偏题，也要随时准备客气地拉回原有的话题。健谈型医生也想要他们同僚的尊重和患者的信任，如果你的产品能帮助他们获得这些目标，你就能轻松地得到他们的承诺。他们自然也是喜欢热心回应的人。如果你是一位聆听者型或完美主义型，就要努力向他们微笑，表现得更为外向与他们交谈。不仅要理解和认识你的个性风格，还要对上客户的性格类型。你能改变的,就是适应他们的性格类型,他们就会更容易接受你和你的信息。

针对医生行为风格的销售方案

大多数医药代表意识到理解医生行为风格的重要性。不幸的是,当与医生接触时,不是那么简单就能判断出医生的风格的。

有许多医药代表接受了针对不同社交行为风格的销售技术的培训。但当你与不爱沟通、傲慢、自我和好胜的医生接触,却不知如何运用这些技术。

为了尽快掌握社交行为风格,你必须理解医生的思维定势——他们如何思考、如何处方、为什么等相结合。一旦你理解了,你将很容易成为一个多面手。当你把社交风格的知识与医生思维定势的知识相结合,你会真正掌握一种有力的销售方法。

在与不同风格的医生进行交谈中,医生认为"大部分的医药代表是自信的、爱讲闲话的、浪费时间的、带有销售倾向的销售人员,他们不理解我需要什么"。

所有的医生都经历了长年的专业训练,无论在他走进医学院校之前是什么社交行为风格,最后都会完全被同化成分析驱动型。

在现实中,常遇到这样的必情况,无论平时是什么风格,当医生讨论临床问题时,他们都会转变为分析驱动风格。医生更喜欢这样,这就是他们被训练出与其他医生沟通的方式。

医药代表与分析驱动型医生沟通最普遍的错误是以产品为导向而不是以教育为导向。医生听到关于产品特征与利益的细节时,就不听了,这时医药代表在医生眼中正是一位典型的销售人员。

有一个真实的案例:一位医药代表通过写下他要求讨论的内容,获得了拜见一位难于应对的分析驱动型医生的机会。这位医药代表

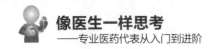

写了信，讨论他的新产品，而不是要求约见。很明显，医生没想到这位医药代表与其他代表的不一样。这位医药代表通过写信探讨医生刚刚发表的一份重要文章，这篇文章与他的产品涉及的疾病有关，而与产品本身无关。结果，这封信起作用了，他得到了医生的约见。

这个案例中，医药代表理解医生的社交行为风格和思维定势，他通过了解医生想要的东西、医生平时在思考什么、并以医生以往常接受的方式传达给了医生。如果你把你自己定位成一位教育者而不是一位销售人员，你会更成功地与这类型的医生接触。例如，不要以产品为先，要从一份杂志文章的临床信息开始，呈献给医生，你是一个有价值的教育资源而不是一位老套的医药代表。

另一个导致医药代表不被分析驱动型医生接受的最普遍问题是标准化的推广技巧运用。大多数销售课程教会你一定要控制推广资料，很好地使用。为了这样做，典型的医药代表会突然拿出他的DA，并讲解给医生。医药代表挑出一个图表，说他的药物很好，然后要求医生给予承诺。这种方式会挫伤分析驱动型医生。医生是权威的，他们不喜欢这样的推广方式。

得到医生关注的方法是，给医生一份临床研究的复印件或综述文章，让他们在60秒内掌握，他们最有可能的就是开始向你提问。当他们这样做的时候，他们会告诉你他们想谈论什么——那才是他们感兴趣的。

不仅要理解医生的社交风格还要理解医生的思维定势，你就能把握好与医生的交流。最好，要让医生告诉你什么对他们最重要，他们需求和欲望是什么。

赢得医生忠诚度的3个阶段

医生常常质疑从医药代表拿到的信息。在他们头脑里，医药代表只是简单地销售给他们产品。要赢得医生的忠诚度要经历3个阶段，以交通灯为例来说明：红灯表示质疑，是医生质疑医药代表和药物的初始阶段；黄灯表示接受，接受药物的优点；绿灯表示主观认识，就是医生被已经认可了药物在其临床治疗中具有重要作用。

- 质疑阶段。例如，最初医药代表告诉医生一种细菌会导致胃溃疡，但当时广泛持有的信念是胃酸造成的胃溃疡，当时这个观点会被嘲笑和讥讽。慢慢地，医生开始接受这个观点，这个理论目前已经被普遍接受了。但是从质疑到接受的变化可能要花掉很长的时间和持续的努力。

当某一类药品中的许多产品具有相似的功效、安全性、价格时，医生常常会觉得许多代表所采取的方法是有选择性的数据和市场说辞。医生会质疑信息的可靠性，并直接将责任安在医药代表身上。

销售代表的可信度是克服质疑的绝对关键因素。可信度本身由两个部分组成：产品知识和真诚性。

你越了解你的产品，你就对产品越有信心。你的知识深度决定了你的拜访是否成功。成功的拜访会更快地帮助向接受阶段和主观认识阶段迈进。应鼓励医药代表去看看医药网站，每周一次，查阅一下主要竞争对手的产品以及与这些产品相关的医学情报。如果目标医生有一些产品信息，尽量提供给医生最新的情报。提高可信度的最佳方法是完全了解你的产品和临床治疗的应用。

可信度的第二方面——真诚性常常是无形的。医药代表自信地讨论产品的正反两方面能体现真诚性。

曾经有一位医药代表给医生展示一份推广单页，单页上的柱图说明他的产品在降低血压方面比竞争产品更有效，尽管差异很小。他对医生谈到在统计学意义上他的产品更有优势，但也承认如此小的差异可能没有临床意义。由于他做的两件事：第一，他承认图标显示过于夸大产品优势的意义，这让医生感到他尊敬医生的观点，没有简单地呈现操作的数据；第二，他对治疗高血压的临床治疗谈到了他的一些见解。因此，他的真诚以及他的可信在医生脑海中留下了深刻的印象。

本质上，这位医药代表更像一位同事而不是一位销售人员，他减少了医生的质疑并得到了相当的可信度。一旦被医生认为他是可信的，医生就能接受和主观认识他给的其他信息了。可信与质疑一样是重要的，医药代表要善于充分利用你的可信度，确保你有最大的机会越过质疑的阶段。

- 接受阶段。在接受阶段，医生常常同意药物的利益并认可医药代表有知识和可信。然而，接受阶段是相对自然的阶段（就像交通灯的黄灯），但并不意味医生会处方你的产品。有很多的原因导致销入陷入接受阶段，最明显的可能是药物的用量和说明强调不够。许多医药代表很了解他们的产品以至于他们认为医生也是了解的，但事实并非如此。

因此，唯一的办法就是帮助医生识别患者适应症画像，向医生详细说明该药物的处方对象、使用方法和剂量。

医生处方习惯常常带有明显的惯性，意味着一旦一种产品已经达到主观想法的阶段，那个产品就能根深蒂固的成为医生日常临床用药，并难于被取代。

如果医生不使用你的产品，这种惯性就是你必须要克服改变医生处方习惯的障碍。这是一个困难，但不是不可能改变的。需要经常跟进和制定策略清晰的计划。

如果医生不处方你的产品时，就需要通过灌输一个完整患者的病症画像，当医生遇见适合这类症状的患者就会使用你的产品。只有这样不断地强化你产品的患者适应症画像给医生，就会成功地激发医生去使用你的产品，而不是简单地阅读你的产品优势的证据。

医生停留在接受阶段的另一个原因是，他感到医药代表的推广方式过于具有侵略性。使用了强硬销售的方式要求缔结，或过于要求医生承诺处方自己的药物，常常会使你再次陷入质疑的红灯阶段。

医生通常不喜欢被公然要求承诺处方，在临床治疗中，医生绝不会不经过自己的判断就使用药物。实际上，绝大多数临床治疗是由医生的考虑执行的。

最初你可能得不到医生的多数处方，但如果你维持这种同僚的信任度，你就有了立足之处。如果产品证明有效，医生可能会为你的药物开出越来越多的处方。因此，就会发生从接受阶段到主观认识的变化。

- 主观认识阶段。作为一名医药代表，"绿灯"阶段是你的目标。在主观认识阶段，医生始终一直处方你的产品。他们已从过去的接受阶段过渡到使用你的产品的阶段。然而，你的竞争对手也会持续努力地将他们的产品从接受阶段转变到主观认识阶段，从医生的大量处方中替换你的产品。记住，重要的是定期跟进你的目标医生，并有效地探询你的信息是否依然是他的主要处方（主观认识阶段），如果是，你的销售将继续提升。

与目标医生的同事建立良好的关系　198
与药师建立起工作伙伴关系　199
让药师影响医生　201
让护士成为你的参谋　202

10

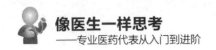

与目标医生的同事建立良好的关系

见到医生常常很困难，有时候医生的同事也可能是你成功的关键因素。例如护士、办公室行政人员、行政助理等，都与医生保持着某种关系。所以说，这些相关人员可能会格外地有帮助，与他们搞好关系可能也是你销售成功的关键因素之一。

尽管这些人是你辖区完整构成所需的组成部分，但他们却经常会被忽视。这些人常常会影响你的客户医生处方产品的决策，接触他们总会帮助获得成功。因此，就需要了解他们的沟通风格，喜欢代表访问的时间以及任何性格特征和癖好。例如，哪些人喜欢别人称呼他们的名字，哪些人不喜欢？不仅要了解医生，还要了解医生的同事。

在与他们接触时，你一定要表现得友好并微笑，这可能听起来很简单，但很容易在糟糕的一天中忽视这最普通的礼节；还要尊重他们的时间，你如果比较繁忙，保持与他们较短的沟通即可，但在与他们接触时绝不要表露出不耐烦，不要总是看表，似乎要赶会议或约会的样子，还要注意通过关注细微小事说明你对他们的关怀。要相信真实的关心和诚意总是会发光，如果某人正经历艰难的日子尤其会表现出来。简单的微笑或温馨的致谢能起到非凡的作用，帮助你得到大家的认可。你要随时提醒自己，不仅是对医生，你要做一名使每个人都感激和觉得有价值的医药代表。

表现你对医生同事的关心和尊重会帮助你获得巨大的收益，努力做到，就会引导你走向更大的成功。

与药师建立起工作伙伴关系

作为一名医药代表，有三个你能与药师合作影响医生的主要销售终端：医院药房，社区医院和零售药店。医院或诊所药师最主要的工作是在医院或诊所为医生调剂处方、协助制订患者最佳的药物治疗方案，或与临床医生合作，对住院的患有慢性疾病的患者进行有效的查房随访，以管理他们的药物治疗。同样，在社区医院或社区卫生服务中心药房工作的药师，对于社区慢病患者，定期帮助医生监控他们的治疗状况。零售药师工作于零售药店，提供疾病预防宣传、用药指导和药学服务等。

周期拜访

为了与药师成为合作伙伴，要制订一个药房的拜访周期，即每天你要花时间拜访至少一家医院药房。这样做会使你有机会为你和药师之间的关系打下坚实的基础。拜访时你可以随身携带他们所需要的效率手册、日历、笔、便签薄、杯子、患者教育资料等。药师往往特别忙，因为目前专业药师短缺。因此，推荐医药代表拜访药师时，应重点介绍一份临床研究并讨论药物协定处方的接受成本问题。当竞争对手的药物不在病人的计划里时，药师可运用这一信息推荐你的产品给医生。而且，药师常常充当药物专家，指出同类药品之间的微小差异，来帮助医生选择最佳药物给他的患者。

医院的临床药师的另一角色是为患者提供药物咨询服务并与医生讨论给患者推荐的药物。这就意味着如果药师了解你的产品，并相信其在治疗疾病中有优势，就可能推荐你的产品。患者往往信任药师，会要求医生处方药师推荐的产品。

在诊所和医院里，临床药师对于药物的评价影响力是非常大的。临床药师进行的药物评价，除了介绍给药剂科外，也会向临床科医生及药事管理好药物治疗委员会介绍。他们能有利于你的产品放进医院的协定处方集里。因此，安排时间来向医院药师介绍产品是非常重要的。这里你可以介绍尽可能多的临床研究，随时要强调最重要的事实并向药剂科主任提供尽可能多的支持你产品与竞争产品之间差异的研究资料。

除了向药师推广产品外，医药代表还需要发掘并满足药师在工作中的需求。药师需要获得继续教育分数，所以另一可以加强与药师关系的方法就是组织和策划继续教育课程项目。药师也有进行研究和发表论文的需求，在这方面医药代表也可以为他们提供帮助。

增值服务

药师能提供一些独特的服务，例如举办一些基于某一特定疾病的患者教育研讨会。药师通过提供药物治疗的专业意见，可以帮助患者管理好自己的疾病。例如，假如要举办一个糖尿病患者教育研讨会，一位熟悉糖尿病专业知识的药师，他可以教患者如何使用血糖仪，讨论血糖的目标水平，谈论足保健，评价药物治疗的不良反应并提醒患者养成良好的饮食习惯。这样的活动不仅对患者是非常有意义的，对于这些患者的主治医生，也提供了很多的帮助。

与药师合作是一种双赢的合作。无论如何评定，患者都能从医药代表与药剂师的合作中获得利益，因为药师具有影响力，能帮助患者获得最佳的治疗结果。同时，医生、医药代表和药师也会从这种合作中各自获益。

10 锦上添花

让药师影响医生

在很多消费者的认知中,临床药师在健康医疗系统的角色似乎不会超过一名药物调剂员。但是大多数消费者没有看到场景背后隐藏着药师对医生处方习惯的巨大影响力,而且这种影响力是非常深远的。

药剂师如何影响医生

根据统计,临床药师向医生推荐药物治疗的建议,有72%被医生接受。药剂师在向医生推荐药品时,除了从安全有效方面进行充分的考虑外,还会考虑到成本因素,让药物的使用尽可能符合药物经济学的要求。

如果患者无法负担得起他们的药物治疗,药师有责任向医生推荐患者能负担得起的药物,也许是普药或转换成另一种效果相当却更廉价的药物。

在许多案例中,一位患者可能过度服用药物,药师则通过检查患者的所有药物方案,来确定处方,为患者省钱。临床药师完全能够分析和评估患者使用的所有药物方案,然后找出不合适的药物治疗方案,提醒医生。很多时候,由于多次咨询药师和多次找医生看病,患者可能会使用一种或多种药物来治疗相同的疾病。通过药师经过药物方案评价的干预,他们能使患者放弃某些药物的治疗,减少了重复给药,转而减少医疗的整体成本。在这方面,超过90%的药师建议会被接受。

药师也会依据其他因素向医生建议,如患者不喜欢给药的方式,或患者对这种药物过敏，或因某种原因不能服药。这种情况的发生还是不多，但这些都是需要医生修改处方的地方。

如果患者发生了不严重的不良反应，医生通常会主动去咨询药师，同时，让药师推荐同类的其他药物。

学会影响药剂师

因为药师对处方具有这样的影响力，医药代表不能忽视对药师的拜访。药师想要什么呢？很多医药代表发现药师也非常乐于接受循证医学证据，因此医药代表想要说服药师接受自己的产品，就要尽可能多的提供循证医学证据。自己产品与竞争对手产品之间的差异也是药师感兴趣的话题，但在介绍这些差异时一定要客观公正。

与许多被医药代表围着的医生不同，药师的确很想在他们的工作中见到医药代表，医药代表需要安排时间约见药师，而不仅仅是进来扔几件小礼品给药师，或者带药师去吃午饭，做个简短的产品介绍。只给药师提供初级的信息是没有价值的，最好的办法是教育药师，帮助他们理解并接受你的产品，而当药师针对你的产品有了合适的信息，他就会在合适的时间向医生推荐你的产品，这对医药代表来说绝对是一件事半功倍的事。

让护士成为你的参谋

医药代表常常把绝大部分的产品推广重点放在医生上，可能就忽视了最好的支持者——护士。

护士代表着最大的医疗服务职业人群，对患者而言，她们通常比医生更容易见到和接近。尤其在目前的就医环境下，医生没有过多的时间与患者进行充分的沟通交流，护士则有更多的时间与患者一对一交流，常常是最先听到抱怨、要求、处方药的普通反馈。这就使得护士越来越成为医药代表的一个重要资源。

根据这样的贡献，医药代表要能够正确认知护士对他们的价值，不要仅仅把她们看成是医生的助手，要充分认识到护士的作用。

护士对于医药代表的重要性远远超过了以往。他们是最大的信息资源。因为他们既了解医生的各种信息，同时对患者的想法也了如指掌。医药代表需要花时间与护士建立亲和关系。忽视护士作用的医药代表将失去很多机会。

越来越多的制药公司似乎注意到这一忠告，医药代表已经将越来越多的精力用来与护士交流。

促进者

海外各发达国家的医疗体制革新变化使得护士不仅快速成为保健的领导者，还充当患者、医生和公共卫生的关键资源。

患者保健的崇高地位加上处方药物的能力使得护士成为药物推广中颇具吸引力的资源。研究显示，护士保健的质量相当于医生保健质量。如果护士和医生的处方之间存在差异，质量就不一样了。

护士对医生的处方习惯能有很强的影响，甚至能推进患者对处方药物使用的依从性。实际上，SCOTT调研扩大处方者的基数：护士行医者、医生助理揭示60%的护士建议医生尝试新药。

一位已经工作近6年医药代表说，她工作的公司强调与护士和注册护士建立亲和关系的重要性。

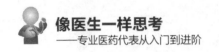

尽管护士缺乏自己处方药物的能力，但她们仍然能推动医生探索新的选择。

与护士建立牢固关系的医药代表发现，护士也能帮助他们挤进医生的繁忙日程表。

有些时候，护士的信息比医生的更有价值，如提供反馈给医药代表，从服用他们药物的患者得到正反两面的反馈。一位医药代表说护士具有独特的能力感受出患者的情况，探寻具体的问题，了解到更多有关患者的需求和复杂性。护士能从患者那里得到更多的信息。他们往往找到其他人不可能得到的补充信息。

如果有不良反应或用量的问题，护士能把这种信息传递给医药代表，医药代表反馈给制药公司。

否决权

护士的作用除了体现在医生处方的促成上，也可以体现在反面。医药代表应考虑护士有能力阻止公司产品的使用以及阻止医生得到。

医药代表应将对医生所用的策略同样运用于护士和其他医疗护理人员身上。

像医生一样，护士也不想让你浪费她们的时间，所以医药代表在拜访护士前，也需要有一个拜访计划并了解自己想要完成的目标。

护士有很多的影响力，医生尊重她们的意见，所以如果你在与护士交流时不努力教育她们并提供有用的资料的话，你不仅浪费她们的时间，也浪费你的时间。

护理专业的本性

在政府法律管理护士的工作时候，通常工作的设置决定她们日常的工作职责。下面是各种类型护士和护理工作的工作描述。

医院的护士占据了最大部分的护士,大多数是住院护士,主要提供床边的护理和执行医疗方案。住院护士通常会被指派到外科、产科、儿科、急诊室,有些则是在各科室轮转。

门诊护士主要负责医生办公室、诊所、门诊手术中心、急救医学中心的门诊患者,她们帮助患者进行各种体检、注射和服药、包扎伤口、伤口拆线、协助微小外科手术、病历记录,有些护士还要做常规试验和办公室工作。

进阶技巧

突破销售瓶颈的步骤　208
如何与医生建立起有意义的对话关系　210
学会用问题建立与医生的互动关系　212
学会用聆听建立与医生的伙伴关系　214
建立起向医生提问的勇气　217
与医生沟通的LESS原则　220
让医生尽快尝试你的药品　221
如何在"1分钟拜访"中获得更多？　223
让医生记住你　226

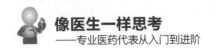

突破销售瓶颈的步骤

这样的情景听起来熟悉吗？一位医生已经同意了你的拜访，你很高兴能在这里建立关系。然而，医生却就是不处方你的产品，尽管他说他支持你的产品，怎么办？如何使用有效解决问题的技巧去寻找答案呢？

一些简单的步骤能帮助你突破销售瓶颈。

步骤1：评估你的动机

重要的第一步就是分析你的思维定势。如果你在某一环节想提升，就要问一下自己以下问题。

- 你是否有必要的技能来应付这个挑战？
- 你想在这个区域获得成功吗？为什么想？为什么不想？
- 你因某一原因正在损害自己吗？
- 你是否把目前的情况认为是一个问题？或你把目前情况当成一次挑战？

这些总是不容易回答的问题。花一点时间思考一下你的态度和目标是否一致？如果不一致，这就是第一个要处理的问题。

步骤2：做一下SWOT分析

SWOT分析能给你非常有用的信息，SWOT由以下几方面组成。
S = strengths　优势

进阶技巧

W = weaknesses 劣势
O = opportunities 机会
T = threats 威胁

当你详细列举你特别的优势和技能时，你可能看到一种模式出现。利用这一列表作为达到你目标的起点，你意识到在你整个区域里你的优势是什么？你产品线的优势是什么？你的公司优势是什么？你的销售能力优势是什么？

识别劣势也能解释清楚现状。也许一种职业的启发或一次谈话就帮你找到窍门。在你的区域里需要改善什么？你的团队合作得如何？这些问题的答案能防止你被意外所蒙蔽。

从这两个方面的分析结果可以列出你的机会。思考一下你的优势，也许能找到与医生在一起的机会，如果你去想就能找到机会，否则你想到困难，困难就在你面前。你对他们面临的困难越能理解就越能帮助你更好了解他们的需求。借助你的优势分析机会，可能是一个业务开发的有力手段。

最后，在这种情形下要认清你的潜在威胁是什么？在你执行一个新的策略之前，竞争对手是否已经把你取而代之了？是否又很快出现一个新的竞争对手？

步骤3：找到一种解决问题的工具为你服务

有很多解决问题或评判的思考模型。当某些方式存在差异时，大多数情况下就要跟随相同的步骤。

- 清晰识别问题。真正的问题是什么？例如，你可能不得不澄清问题的来源是一件事还是一种情况或某人对问题的反应。
- 收集数据。与其假设情况，倒不如检查确认你的所有信息。此外，区分事实和谣言。只有保持客观才能同样去衡量所有的数据。

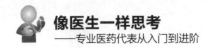

- 确定涉及的关注问题。是否有潜在的关注问题或需要进一步考虑的相关问题?造成销售下降的趋势是什么?
- 头脑风暴。尽量创造你能想到的想法。这一步经常被遗漏。通常决策的产生来自于对现状的评估并形成一个用于相同情形的方案。过去管用的现在不一定管用。有时一句话可以引发一个新方案的创意。
- 选择最好的方案。方案是否能解决问题吗?你的想法告诉你什么?
- 执行与评估。执行计划的步骤是什么?如何评估你的工作是否圆满完成?

步骤4:分享他人的思想

周围的人总有很多的信息会帮助到你。与最成功的同事聊聊,或与总能找到方法的经理聊聊,分享他们最佳的经验会帮助所涉及的每一位人。

花时间去思考,在这一过程期间,你就会发现其他想法来帮助你改进原来不足的地方。找到帮助你的办法,挑战自己,用评判的眼光思考你的现状,能真正为你创造竞争优势。

如何与医生建立起有意义的对话关系

大多数医药代表在他们进到医生办公室时都有一个非常清晰的思路。他们了解自己产品的利益,了解产品的销售卖点和传递的关键信息、了解竞争对手的产品,甚至也了解如何应对医生的处方习惯。他们给医生留下了深刻的印象。但这并不够,医药代表需还需

进阶技巧

要创造出有效的对话。创造有效的对话是医药代表聚焦印象的最佳工具。

如果你想成为最受欢迎的人,你就必须善于问问题和聆听别人的回答。要提问一些深思熟虑的问题,让会见者知道你从事的工作。如果你的客户在你的销售拜访中给你更多的时间,你是否能提出真正的问题来创造有效的对话。医药代表只有设定一个明确的目标,通过解决问题、克服障碍,才能获得目标的技能。有效的探询是帮助他们解决问题的一项基本技能。

这里是一些简单方法可以帮助医药代表提升探询的水平。

● 提问解决问题。确认你的问题是否能聚焦到双方相互理解的关键点上(你理解医生的需求和关注点以及医生理解你产品的利益),而不是仅仅运用预先设定的问题对话。

许多医药代表认为使用预先设定的问题探询医生,医生会感觉良好。对于他们来说,他们认为"假如有无法回答的问题将会怎么办呢?"或"谈谈知道的,对自己来说不是更安全吗?"。尽管这些的确是有效的问题,但实际上,这种情况最终会导致尴尬:他们会不得不说"这是一个很好的问题,我不知道答案。但我会答复你的"或继续谈论一些医生没有兴趣的事。建立解决问题的办法将是一种挑战。你是一位医药代表,你应该有决心和信心来应对这种挑战。

● 探询真正问题。如果你确实没有指望听到答案,决不要提问题。这不是一个销售准则,而是一个人性的道义。你不需要上一堂销售培训课程来告诉你如何礼貌待人,但有时我们需要提醒自己运用已知的东西。

肤浅的问题往往用来简单地作为代表的话题。记住提问的目的是聚焦医生的需求(最终你的产品如何履行这些需求)。如果医药代表的问题简单地被自己的需求所驱动,那么这种互动仅仅只是半边提问的独角戏,而不是一种对话。这种技术只能为你带来谈论你产品的机会,而探询真正的问题才是聚焦医生需求,

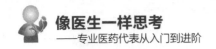

为你创造销售产品的机会。

- 探询说服问题。人们更有可能相信他们所说的，而不是别人对他们说的。这就使探询成为一个极其有利的说服工具。通过自圆其说来说服别人是非常困难的。对话不仅需要更有说服力，还要传递许多其他相关利益。

  这种说服的办法在药品销售中比在其他销售中更有用，因为你产品的确切销售发生在你不在那里的时候。你不仅要说服医生应用你的产品，还要担心他们是否记住如何使用你的产品，而且你还有大量的竞争对手，你也要担心在你离开以后会发生什么情况。独白容易被遗忘，但对话是难忘的。

- 耐心和放松。你已经知道如何参与对话并准备好提出的问题。在你走进医生办公室之前，要努力计划你提问的整个思路，需要设定一个清晰的目标，知道在你走进之前什么信息对你有用。一旦你开始提问，开动你的脑筋，聆听答案，回馈相关跟进问题，不要努力过头而把这种互动当成其他的相互交流。探询真正的问题，理解和观察你的医生如何被说服，要保证自己处于耐心和放松的状态。

学会用问题建立与医生的互动关系

国外的很多医药代表向医生推广产品并留样品让医生签字领取，然后快速离开。花在医生的时间，不多于5分钟。对医生的影响和医生使用药品的可能性，非常非常低（除非医生已经是一位优秀的处方者）。这是为什么呢？很多医药代表往往照本宣科地介绍一下产品，因为他们感觉他们与医生的见面只有几分钟时间，非常宝贵。该如何在一次几分钟的拜访中分配时间？答案就是向医生探询使他们有兴趣参与讨论的问题——"喔，这是一个好的问题，可以帮助我更了解我为患者处方的药物"。

17 进阶技巧

什么不要问

让我们先从容易的或几乎毫无用处的问题开始。例如：

- 您是否满意目前您用于治疗×××疾病的药物？
- 要做什么才能使您处方我们产品？
- 您在下一个病例是否可以试一下我们的产品？
- 我能否跟护士说一下，看您是否需要更多的样品？

这些问题为什么如此脆弱呢？因为大部分的问题用简单的"是的"或"不"就能回答。它们不需要医生做出的思考。还有，它们不可能从医生那里得到诚实的和直接的答案或激励医生改变处方行为。

而运用更有说服力的问题就不同了，例如：

- 如何决定在治疗×××疾病时使用哪种药物？
- 对于我公司和我本人能用于改进对您和您的治疗提供的服务，您有何建议？
- 如果您能创造一种治疗×××疾病的药物，这种药物应具有什么作用？其功效和不良反应会是什么？
- 关于患者使用×××药物治疗×××疾病的依从性，您的建议是什么？

为什么有说服力的问题能起效？

首先，它们要求医生在回答问题之前去思考一下。你接收到的答案将会给你有价值的信息，帮助你更有效地推广你的产品。为什么医生使用竞争对手的产品或医生使用你产品的经验是什么？这些有说服力的问题让你了解医生是否有潜力使用你的产品。例如，如果你正在给一位妇科医生推广治疗过度活跃膀胱的药物，你的提问显示他建议让他的所有患此综合征的患者去看泌尿科医生。然后你可以努力激励医生在临床上治疗这些患者，并把他列入你的潜力处

方医生的名单里。

有说服力的问题还能帮助你与医生建立真正的亲和关系。他们证明你是一位有思想的医药代表，会真正关心每一位医生和患者以及医生的工作。

有说服力的问题帮助你差异化你的产品，为你创造一个展现你产品特征和利益的机会。关键在于你把你提问的问题与竞争对手代表提出的问题差异开来的能力。

有说服力的问题让你个性化了你的产品推广。例如，医生告诉你他选择一种预防的药物是根据地方或医院的抗生素指南。你可以根据指南的要求对照自己的产品，看是否你的药物也是医院或社区最普通人群的最佳选择。这就给你一次机会建立信任并提供你产品功效的证据。

最后，有说服力的问题帮助你识别需求。例如，通过提问，一位医药代表发现他的医生遇到了一个关于药物相互作用引起的困惑，他去见他的医学总监并查出适合的答案，并因此得到了医生的好感和信任。如果他仅仅探询一个无说服力的问题，他就不可能完成这件事。因此，花时间想出些能引发思考的问题，是非常重要的。

学会用聆听建立与医生的伙伴关系

聆听并非是最闪光的话题，肯定也不是多数医药代表想花很多时间谈论的主题。然而，真正运用好了聆听的技巧，可以极大地帮助医药代表与医生建立更好的关系，让他们处方更多的产品。

尽管我们可能会花很多时间去聆听别人的话语，但我们中的大多数人并不很擅长。如果你想要成为一名优秀的聆听者的话，请接受以下短暂的评估。

● 当你没有在听别人的讲话时，你假装在聆听吗？

- 在谈话中有人曾告诉你"你没有在听我说话吗"？
- 你会常常试图帮别人阐述吗？
- 你害怕沉默吗？
- 在听到负面问题时，你改变主意了吗？
- 你总是希望能左右谈话吗？
- 当你没有完全理解时，你会询问清楚吗？

如果你只对最后问题回答"是"，你就是一个好的聆听者。不幸的是，多数人无法列入这样的行列。

为什么要做一个良好的聆听者？

如果你想与你的医生以及办公室里能影响你成功的其他人建立坚固关系的话，高质量的聆听是必不可少的。其最大优势之一是能使我们更好地识别他人的思想、感受和态度。

- 你会知道什么该说和什么该问。假设你在一个医生的办公室。医生分享他依赖于他的护士与患者交谈。如果你在聆听，你要了解更多他信任他的护士的问题。你可能要问，"医生，您能不能描述你问护士与患者的各类问题？"。这个问题会给你很多你正在注意的信息。代表要做的最难的事，就是不要思考他们会说什么，而是要专注你的医生正在说什么。
- 你要表现出关心和关注。现在想一想有人聆听的时候，怎么才会使你感觉到呢？它是如何影响你与他人的关系的呢？医生与其他人并没有什么不同，聆听会使他们感到你的关怀和关注。你将会了解到医生的重要思想和感情，并学会使用更有效的说服方法。细心地聆听会令你把握从来不知道的问题或机会。
你要使自己有别于其他医药代表。良好的聆听者往往会脱颖而出，因为他们会询问更聪明的问题，并更好地理解他人的需要和关切。

- 你会获得更多的时间与医生接触。如果你是一名医生，时间有限，你会选择跟哪位医药代表谈话？许多医生告诉我，进入他们的办公室的医药代表都忙于谈论他们的药物，以致于他们没有时间停下来认真听讲。如果我们尝试换位思考，试图延长与每个医生的时间，我该怎么做呢？举例来说，某位妇科医生往往只给我3～6分钟。就我上次访问，因为我带了她感兴趣的问题，听取她的回答，她与我谈论了18分钟。最后她的护士不得不来让她回病房处理其他病人。

  最成功的医药代表不会过多谈话。相反，他们会询问一些双方受益的启发性问题。把这看作一个流程图：如果你希望医生接受你的拜访，在拜访之前，你必须了解他们感兴趣的是什么。例如，如果你的医生指出，他主要关注的是竞争的药物的真正差异，只有他觉得你已经解决了他的疑问，他才可能听你说的信息。我们总按自身的兴趣去给别人说，结果就成了自说自话。所以要学会了解他人感兴趣的信息。

- 很好的聆听的回报并不总是显而易见的。往往是讲得好和销售得好获得奖励，聆听得好并没有太多可见的奖励。人们永远不会因你是一个好的聆听者而全体起立鼓掌。你付出的回报可能微不足道，但听到的信息是无价的，这些信息会带给你长远的回报。

- 几乎没有几个角色模型能适用于良好的聆听者。由于有86%以上的人声称自己是较差或中等的聆听者，我们也几乎没有机会去观察真正好的聆听者的表现。甚至在大多数领域很有经验的销售经理没有必要使用角色模型来提升聆听能力。大部分销售经理是一线销售人员出身，通常聘请的销售人员是因为他们是健谈者，而不是因为他们是聪明的提问者和聆听者。

  聆听是艰苦的工作。其重点在于集中精神去聆听别人说什么。

- 我们觉得需要表达自己。医药代表设法说服医生处方药品，最直接去做的方式是交谈，交谈，再交谈。其实，最好的办法是发问，让你可以实践所谓的"有针对性目标的交谈"。

进阶技巧

作为一名医药代表,你很少有时间与你的医生在一起,因此每次陈述或提问都是很重要的。你应该只谈对方感兴趣的内容。如果你的医生说,他只能与你简单聊两句的话,问:"在这么短的时间内,我想知道什么是你最关心的话题呢?"聆听医生和回应她的回答将帮助你得到收获并引起医生的注意。

成为一名更好的聆听者

每次销售拜访需要记住两三件事,你需要学习更有效传递你的信息。制订一个计划和目标是非常重要的,因为这会影响你的沟通和结果。

每次销售拜访,不要光想自己说什么,而是完全把注意力放在"医生对我说了什么"上。

用器官(耳、眼睛)去聆听。例如,当你问医生是否尝试你建议的用量时,如果医生表现很犹豫时,注意观察的医药代表就会发现一个事实,即他可能并没有按你的建议做。

智能聆听需要耐心和辛勤付出,但回报是巨大的。试想一下,如果你能听到你的客户医生对你说,"所有那些其他代表总是自顾自地说个不停,只有你真的在听我们说",你就成为了一个聪明的聆听者,这将极大地帮助你击败你的竞争对手。

建立起向医生提问的勇气

探询的勇气是成功医药代表的一个关键条件,它包括时机的选择、如何探询、探询什么、向谁探询等问题。

探询的技巧包括:风险回避的自我意识、提高自信的能力、时机选择、即兴交谈的技巧、坚实的缔结技巧、防御技巧。

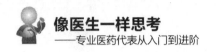

自我意识

我们经常要回避可能造成冲突的任何问题。在探询我们的需求可以接受或无法接受的方式上，会发现每个人都有不同的看法。

例如，很多医药代表经常遇到的医生太忙无法见自己的情况，医药代表不应该简单的转身就走，而是要要求一个更好的时间去见医生，医药代表需要有勇气要求约见客户的时间。从每次的销售遭遇中建立勇气是非常重要的。

自信与魄力

医药代表需要经常面对医生的拒绝。不要一旦遇到拒绝就只能合上你的背包，去做下一个医生的拜访。要对自己和自己的产品以及自己的企业有自信，要能够争取机会做进一步的阐述，自信和坚持可能给自己带来更多的机会。

时机选择

时机选择是指你在与客户交谈时的时间和地方。选择恰当的地点和时间，可能得到完全不同的结果。有勇气探询是很好的，如果能正确判断出何时、何地探询的话，最好不过了。

即席交谈的技巧

当你已与医生约好时间，但被告知医生不能见你时，意外的情况会考验医药代表的即兴交谈技巧。简单的方法就是说"好的，我

进阶技巧

理解",然后重新约时间,但下次约的时间可能要半个月以后了,最佳的销售机会可能就此错失了。你的目的就是要运用所有可能的机会尽早见到医生,而不是以后。怎样鼓足勇气询问前台是否会打电话告诉你有人取消与医生共进午餐呢?怎样问她是否在意你每周一都打电话看是否有人取消拜访呢?她是否在意你把她作为某次约见的后援呢?还是她拿着你的名片随时准备在改变时间的最后一分钟拨打你的手机电话?这可能是你能充分利用即兴交谈技巧和提前两周见到医生中的许多办法之一。

缔结技巧

卓越的缔结技巧要求制订较高的拜访目标。使用令人感兴趣的开场聚焦拜访以及做到适当的缔结要求。时机选择则是关键。

如果医药代表具有良好的时机选择能力、熟练的即兴交谈技巧、很好的拜访计划、敢于探询适合缔结销售情形的问题,所有这些策略就很容易使用。

防御(信心恢复)技巧

从失败的案例得到的启示能帮助解决对新的技巧使用或行为改变的问题。如果我说或做了,也发生了,我将会做什么来使自己恢复自信呢?如果你问的一个问题没有被人很好接受,从你恢复思考的过程中树立你所需要的自信心是很重要的。

要求时间、资源、支持、约会、承诺和推荐是提高你对客户影响力的一种办法,而客户最在意的是通过使用你的产品或服务使他们的患者得到改善。

与医生沟通的 LESS 原则

与医生能否沟通成功表现在四个方面,即做好 LESS（L—聆听,E—努力,S—真诚,S—微笑）原则。

- 聆听。当你专心聆听医生的谈话时,你能很好地了解到医生的需求,从而调整你拜访医生的思路。而鼓励他人多谈自己,专心聆听弥补与客户之间的沟通障碍。作为销售人员,不仅需要探询多种问题,还要很好的聆听客户回答我们的问题。有策略性地,真诚探询问题,从客户那里汇聚重要的信息。让医生回答以创造机会。记住有一句古话:"大智者寡于言"我们怎样做才能真正了解客户或其他人呢? 销售并非是通过说服别人去做某事的。相反,是创造一种信任和尊重的氛围让我们揭开客户的思想、态度和想法,一旦我们在这一环境里深挖,我们就能得到真正的答案和准确的信息。当然,我们就会提供切实的解决方案来帮助我们的客户满足他们患者的治疗目标。聆听才能理解,理解才能有真正可信的关系。

- 努力。当你见到难以接近的医生时,要抓住这一机会,也许多付出一点点努力,深入了解他们的生活方式,就能很好拉近与医生的关系,还会促进我们与医生在生活上的互动联系。

- 真诚。真实的生活方式使我们更易接近医生的内心世界。我们真的对他们尊重和感兴趣吗? 或只是一种达到目的的方法? 我们让别人感到舒服和重视了吗? 我们真的向客户敞开心扉了吗? 我们与他人的每次接触,是否建立和促进相互的理解和信任? 我们的职业是否让医生和患者的生活变得不一样了?

- 微笑。微笑是唯一有效的表现,一次微笑可以将拒绝变成接受,即创造出一种销售的环境。当注视并微笑,不管是对谁。都会告诉他们你是最重要的人。微笑和幽默总能带给你更有多的销售机会。

让医生尽快尝试你的药品

调研研究显示,在任何地方医药代表需要拜访5～8次才能让医生选择性使用一个新药。这些统计是根据医药代表每次拜访合适的目标医生并有效地传递连续性的信息获得的结果。

医学交流中心的研究显示,如果按下面思维培训医药代表,能使医药代表减少拜访医生的次数。

要充分理解医生是问题导向型而不是产品导向型。

要重视所有医生使用一种产品之前一定会审核产品具体的学术情况。

认识医生所处在过程的阶段,并为他们能提供需要的具体信息来促进医生的处方。

采用医生能容易理解的方式介绍临床资料,使他能更顺利地决定使用你的产品。

如何减少医药代表拜访次数,使医生更倾向使用他们的产品,从以下两方面来说明。

重视医生的思维导向

医生属于问题导向型,而不是产品导向型。毕竟,医生都是要解决临床问题的。而患者则是带着问题来看医生,因此,医生的工作就是解决他们的问题。

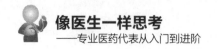

医药代表则是产品导向型,他们的工作是通过呈现产品,来解决医生的问题,让医生使用他们的产品。

不幸的是,医生常常听到这句话:"你好,大夫,我们的产品很有效也很安全,你愿意使用吗?"但当医生听到这句话时,大部分医生却想:"为什么我需要这个产品?这产品能为我解决什么问题?"然后医生会说:"我更愿意使用现在的产品"。

所以医药代表要像医生那样思考,去了解产品可以解决什么样患者的问题。

重视医生的学术审核

"医生问题解决过程":诊断、治疗和管理患者;评估临床文献;评估新的和现用的治疗选择方案;开发和改变临床行为和处方习惯。

这是一个方法学和分析的过程,医生在校就学过的方法,每日在他们生活都运用的过程。直到过程结束才会决策使用一种新的产品或转换现用的产品。这个过程可能会花几分钟、几小时或甚至几周时间。这完全取决于医生如何快速得到他们需要的信息或答案。

为了要了解医生,医药代表必须识别医生面临的真正问题。不幸的是,许多问题并不是医生真正的问题,而是产品的特性和利益。即可能是患者的问题而不是医生的问题。

想想有多少次你向医生提出的问题时,总听到:"我在临床上没见过","这怎么可能呢?医生一定见过这些问题"。问题是正确的,医生可能见过这些问题,但他们并不认为这些是值得讨论的问题,更不用说要让他们审核改变自己处方习惯的问题。

另一问题可能是问题提问的方法。当医生总被问到:"大夫,在你的患者中你是否见过这种情况?当你治疗糖尿病患者时,你遇见这种情况吗？"很多医生都说没有。他们这么回答是因为他们认为这些类型的提问是在指责或暗指他们治疗不恰当。另外，许多医生可能不想承认他们有类似的问题，尤其在医药代表的面前。

医药代表接受良好的训练才能评估客户的需求和问题。但现在很多时候拜访时间长度只有15～60秒，没有时间去评估问题和需求。因此，医药代表需要接受培训以掌握如何评估医生的真正需求的技巧。

如何在"1分钟拜访"中获得更多？

这是一个忙碌的早上，你跑着去做这天的第一个医生拜访。面对医生疲惫的样子，唯一承诺是允许你见一面医生。可是，从她嘴里说出的却是："我只有1分钟时间给你"，这似乎非常熟悉，你是否准备好如何运用这1分钟了吗？

基本要点

60秒并非太多的时间，这就是为什么准备是关键，在你考虑踏进医生办公室之前，你需要关注的有几件事。

- 准备好你的资料
- 准备好你的拜访
- 了解医生和其患者的需求

如果你没有花时间去做这三件事，你将会浪费这60秒有价值的时间。

你做了一次简短的拜访或一次15秒的拜访，这过程中是否总能做好准备，并且从容地使用所有的资源来支持你的信息。这可能意味着你需要事先仔细检查你的资料，确信这些资料对这次拜访是有意义的。否则你应该重新温习一下你资料的关键点。

准备你的销售拜访

当给你的时间是有限的时候，把它看成只是踏进门的一只脚，一个充分的计划完备的准备才能使你有更多的时间呈现多种销售信息。如果拜访60秒就结束，你要准备好从开场白就开始简洁有效地只谈你的关键要点。

了解医生

花时间去了解什么对医生是重要的，你最好准备更多的信息资料。

- 患者处方药历
- 过去拜访的笔记
- 从其他医药代表获得的信息
- 专科领域的知识

你研究的部分应该包含医生平时处理的问题类型。他们是否治疗过很多的老年患者？他们是否门诊过很多妇女？他们是否因为治疗某一特定疾病而出名？这些信息都将变成你拜访的一手资料。研究医生最常见的治疗问题可能会占用你更多的时间。

携带资料的类型

你已经知道访前准备的重要性，也有一些容易拿到的资料，但你可能要思考一下你的医生最喜欢哪种类型资料，是否有一项已被认可的研究谈到你产品患者适应证？带着它考虑一下是否留给医生

11 进阶技巧

下次拜访时与他讨论。当医生看到你花时间提供对他特别的资源时，你就成为有价值的资源并值得他多花一两分钟谈话的人了。

了解你的医生将帮助你确定是否应该运用下列几个步骤。它将会指导你如何制作一份有价值的资料并表述医生需要的问题。

通过描述你产品针对的患者类型特征作为拜访的开场。记住，患者适应症画像要简短、切中要点。不要浪费宝贵的时间去描述患者的适应症画像。包括年龄、职业、性别，以及关心的话题。确认患者适应症画像与医生的临床相互关联，短暂的拜访更要求说清患者适应症画像。当你描绘出患者适应症画像时，你努力建立一个案例，一个模型去跟进医生。

探询问题是要鼓励医生思考你推广的资料，把医生带进谈话的主题之中，并请他谈一谈我们的信息资料怎么才能运用于临床，如果只有60秒的拜访，请不要把使用这一种策略与医生交流。如果你告诉医生只需要一分钟，就要严格遵守它，这反映出你的可信度。

拜访医生之前需要了解产品的定位，传递产品的关键信息。帮助医生更好地理解你的产品比竞品能给患者所带来的更好利益。如何做呢？你可以将产品的利益定位与患者适应症相结合作为你的开场，提交文献来支持你要阐述的内容。

最后，这次拜访的结果并不是应为你时间有限就不意味着你可以省略不做，但你要医生做什么呢？可能会要求医生新开处方吗？或你要求下一次的拜访能多给你长一些时间呢？当你持续给医生提供有价值的信息时，你拜访缔结的能力就提高了。

可能在60秒内似乎要传递很多信息，但当你简洁提炼后，60秒已经足于来传递具有影响力的销售信息了。

将60秒变成900秒

60秒钟的拜访值得努力去做。60秒钟的拜访计划应该会比更长时间的拜访花更多的时间准备。把握好60秒开场，才能得到医生更长的时间。因为那是你的真正目标。甚至在简短的拜访时,你也需要准备好更长的拜访资料。为较长的拜访准备相同类型的资料比在简短时间拜访中显得更为重要。因为你不得有任何的差错。通过仔细计划准备,完全充分地呈现和提供有用的信息资料,你能确信只能分享60秒的医生下次将会给你更多的时间。

让医生记住你

研究表明,每一百个医药代表的销售拜访中最多只有8个医药代表能让医生记住他们所说的内容,你如何才能成为那8个能被记住的医药代表呢?

如果你想每次拜访改变处方行为的话,你需要创造清晰、切题、富有魅力、准确、有时限的和富有激情的销售专业拜访。

清晰

如果一篇文章的头几句没有趣的话,读者就转到另一篇文章或另一份报纸了。同样的规则适用于我们的推广演讲。在医生注意力转移到其他事之前,你只有7~10秒时间引起医生的注意。

通过清晰地回答三个问题开场:我为什么在这里?你为什么应该关注?我从你这里想要什么?例如,你可能说:"我这里有一瓶盖中盖,骨质疏松患者的新型口服选择,可以显著提高患者的依从性并降低骨折的风险。"7~10秒钟清晰的演讲能引起医生对你演讲的关注。

抓住你整个演讲的关键信息,提前计划推广的资料,运用支持你的核心销售信息。如果你认为你没有得到医生的支持,就要运用少而精的理念,阻止迫切灌输信息的做法。用一条清晰的信息和有意义的问题比使用一堆杂乱的信息能更易达成目的。

用清晰的行动计划缔结。如果他需要其他信息,向医生请问,然后再问具体行动,准确告诉他你要做什么并设定清晰的时间表:"医生,要处方健骨片给骨质疏松患者以替代注射剂的话,您还需要其他信息吗?""如果这个月您会开给三位患者的话,我就留下3盒给你。两周以后,我会回答您提出的问题并顺便了解患者的情况。"

切题

确保话题的相关性似乎是你要引起医生关注首先要做的一件事,你要描绘出一个患者的适应证画像给医生,才能进入关于你产品功效的交流话题。正确吗?理论上是对的,但实际上,并非总是这样的。通过描绘患者适应证画像可以是达成对产品功效一致的有效途径,但你要证明你产品的相关性给医生,而不是仅仅说出适用患者的类型或疾病本身。你的销售推广只可能与患者特征和处方医生的专科有关系,但这些信息足以改变医生的处方行为吗?

要使你的产品利益让医生真正牢记在心就要重视全部医生拜访回馈,积极倾听医生办公室全体成员的意见。

此外,要使你的产品信息传递更切题,需要先在你所在区域的医院转转,注意你的医生客户在哪里,观察他们两天,如果你能安排的话,跟进探询与你产品相关问题,或探询一下他们是否感兴趣参加圆桌会议。

如果你拜访住院医生,可以询问他们的值班轮转时间表。关于降脂产品的拜访在心内科轮转初的影响大于轮转后期。要记住,理论上的认同不等于转化成具体行动。要想得到新的处方,你需要证明你的产品能给处方医生的今天以及未来带来好处。这就是与你的客户相关问题。

富有魅力

如果医生想要得到信息,我们就更能了解他们,但真想了解医生的需求和兴趣点,你就需要让医生找到感觉,甚至是五官感觉(观、闻、嗅、尝、触)。

最先开始的直观视觉就是你自己。医生和他们的同事都是训练有素的观察者。他们注意到你销售拜访的第一件事就是你如何销售自己。整洁、专业的外表显示出你对自己工作、他们和你产品的尊重。避免让人视觉上的分心,像耳环或过长的胡须,这些都是能在你的拜访过程中分散医生的注意力。你是一个处处逼人的争吵者还是一位生意招揽者?你会不停地移动你的身体从左脚移到右脚?检查一下你自己是否还有一些慌张的不良习惯,然后在进门之前再检查一下,因为分散你拜访的陋习总会阻止你的成功。

如果想让医生能感触到产品的实样,你可以与医生从用药剂量开始谈起,打开药瓶,将一片药品放在医生手上,再评价小药片的大小或说"这是一粒与早饭同服的橙色药片"。如果你设计拜访中让医生多打听你产品的情况,就更容易让他们处方你的产品了。

如果你销售抗过敏药,就带上鲜花。如果你谈论膀胱遗漏控制,就带上一瓶水。在午餐交流会上,唱着产品信息的小曲、玩着产品的小玩具。无论你是什么产品,如果你让你的客户医生投入到你的产品氛围之中,你传递的产品信息将会长时间留在客户的记忆中。

准确的

如果你要去介绍临床试验,需要准备详细的资料。了解保留与去除的标准,了解需要治疗的病例数和为何这样处置。确认你理解主次要点,尤其是最终的结论。

如果你不知道回答医生的问题,就说你会去找答案回答他,但需要尽快反馈给医生。决不要光说不练。你的客户可能知道他们询问的问题答案。可许他们就是想看你是否知道。

有时限的

最成功的医药代表非常明白信息总是易受时间影响的。为了获得更多产品推广机会，要在你管辖区域里尽可能多地参加医学学术会议和研讨会。无论什么时候，只要有可能，就应适当赞助、参与或至少拿到一份议程和演讲者名单。跟进客户，尽量能让学术会议传递你产品的信息。

注意主流媒体，从中华医学会或各治疗分会获得电子会议信息邮件，即无论什么组织机构召开的学术会议都会影响到你的客户。

掌握处方医生的出诊时间表，如果你知道医生每周二上午是巡诊时间，周二下午在医学中心教学的话，不要在周二到他办公室占用他过多时间。要预估医生午餐时是否存在潜在的时间冲突问题。

确认你的拜访时间。你应该能在30秒内传递有效的产品信息并提示医生处方你的产品。时间可能不够，检查一下自己思路是否清晰、主题是否相关，再试一遍。

富有激情

你的客户一眼就知道你在怎么揣摩他们以及他们对你的工作和产品的感受，因为所有的东西都写在你的脸上了。不管你是新手并紧张或很有经验，医生总是欣赏人的真诚和热情，你的热情表现在你对自己产品的自信并富有感染力。

当你在进行产品介绍时，创造出清晰和热情的气氛时，你就会成为受到客户尊敬和理解的专业代表。

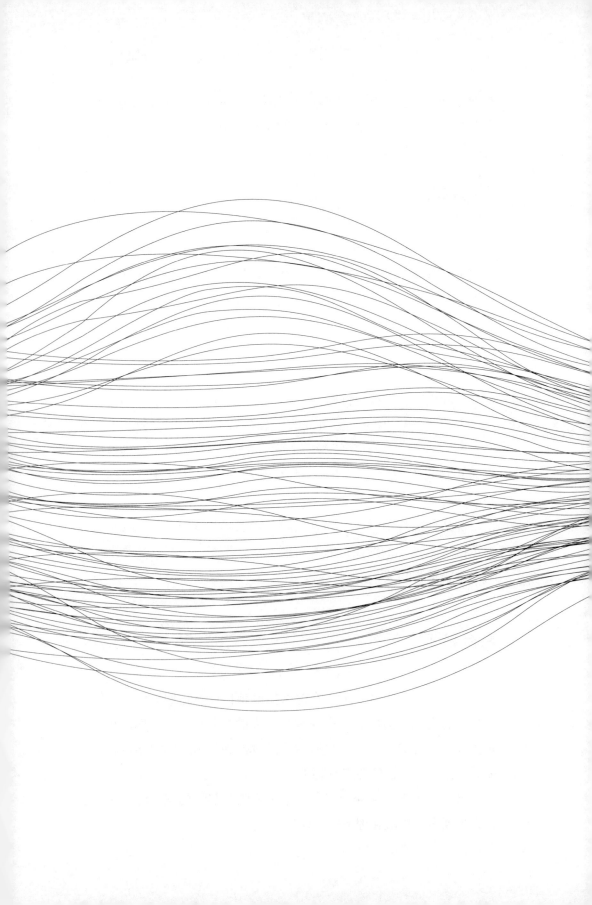

绩效先锋

向专科医生销售　232
医生拜访中展示销售工具的技巧　236
关键信息：患者"画像"　238

12

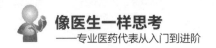

向专科医生销售

如果询问经验丰富的医药代表如何拜访专科医生和他们更想听到什么，你得到的回答可能是："与拜访基层社区医生真的没有什么两样。除了……他们的办公室装饰可能会有点不同，往往需要更为专业的话题才能吸引他们。他们会阅读不同的期刊。他们可能有很多会诊流程，但这取决于所在专科。他们的科室及工作人员有可能不同于其他类型的临床医生"。

专科医生与普通门诊医生的差异

在很多方面，向专科医生进行销售拜访与普通门诊医生基本是相同的。然而，尽管销售过程本身基本相同，但一些拜访细节还是有点差异。

- 获得拜访机会。正如你了解不同的专科，你可能会发现他们有些特定的行程安排，来规定拜访医生的最佳时机。举例来说，有些变态反应科专家，可能会要求需要他们在"门诊脱敏处置室"现场期间接见医疗代表，往往这段时间他们在写论文或回电话。其他专家可能安排每月一天用来进行电话诊疗咨询或写论文，在这些日子他们可能会同意见医疗代表。查对医生办公室的工作人员，了解医生拜访的最佳时间。

- 深入对话的机会。拜访专科医生和普通医生的另一差别，是普通医生办公室往往挤满各种疾病的不同类型的患者。此外，由于普通医师处方许多不同类型的药物，所以，通常有很多的医药代表敲门拜访。对于普通医生，你通常在会诊室或接待前台就能幸运地抢到1分钟的见面机会。

而专科医生则不同。一个专科医生的专业可能决定了科室的布局和人员配备。如果某一特定专业涉及大量的检测食品和设备以及治疗护理流程。例如，该科室可能需要配备更多高学历的医生和专业护士。而有的专科就没有这种情况，更不用说其他的工作人员了。

此外，如果患者教育是专业的一个关键方面，患者教育可能包括护士对患者的教育，因此，专科医生需要特别了解药物治疗和不良反应。在一个普通医生办公室，大部分的护士很可能集中护送患者到检查室，回答患者打来电话的问题，或处理药房的来电。而你应该始终尊敬地对待医生办公室的工作人员，无论身在何处或遇到什么临床做法，这有助于了解各种工作人员可能在不同专业起到的不同作用。

● 专科"思维"。医药代表可根据不同专科医生的特征来吸引客户。皮肤科医生可能是那些喜欢按程序执行的人，但也希望有一个明确的时间表。肿瘤内科医生可能是想那些以患者为中心和更理解他（或她）不一定能治愈患者的人。神经内科医生可能是那些喜欢受到知识的挑战，但也喜欢直接提供照顾患者服务的人。每个专科都有自己的"喜好"，用他们喜好的话语、形象和语调去理解和赞赏他们，就可以帮助你接触到你的客户。

● 患者的种类和疾病。专科的每日需求很大程度上影响着医生的需要和关注——这就是他（或她）期望从医药代表获得更多的信息和关怀。举例来说，在三级护理中心诊疗的胸科医生，大多数是治疗那些重症或复杂的哮喘患者，他们可能不希望你非常详细地给他们介绍一个治疗轻中度哮喘的产品。变态反应科医生，因为长期管理那些需要每日服用多种药物的患者，就可能特别关心药物的不良反应和药物依从性的问题。你知道专科的特色和医生所看的患者类型越多，你理解和预感他们的需求和关注的问题就越容易。

● 临床偏好和实践设置。专科医生可能会以各种方式行医，从独立的行医，到多专科行医，再到医院和诊所。总之，行医多处的专科医生更可能遇见各种患者以及他们专科的疾病，而那些

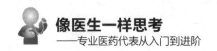

在诊所或医院行医的医生可能临床偏好较窄。充分考虑你的客户在什么环境行医，就能知道他（或她）的需求和兴趣，并帮助你量身制订销售方案，而不是遵循"一个尺寸适合所有大小"的战略。

向专科医生销售的提示

- 知道你带来的价值。专科医生和所有的内科医生一样，都有医药代表可以帮助满足的需求。专科医生发现很难跟上医学知识的迅速变化，尤其药理学选择。你可以通过理解他们的需求和提供有关你产品的信息，给予医生药物治疗的价值。
- 教育自己。你可以通过学习了解专科知识、专科治疗的主要疾病、你的产品以及竞争对手，来增加自己的信心，并提高你对专科医生的价值。也一定要找出你的目标医生跟随哪些治疗指南。对于刚出道的医药代表，可以在网上找一些信息，访问专科的专业委员会（例如某个专业疾病分会）、主要的专科专业组织等网站。
- 了解谁影响你的客户。找出那些杰出的专业学术组织和期刊。例如，心脏病专家有可能会受到美国心脏病学院和美国心脏病协会的影响，并可能特别信任《心血管循环杂志》（美国心脏病协会出版）和《美国心脏病学院杂志》（美国心脏病学院出版）。美国医学专科委员会（www.abms.org）是研究和链接各专业委员会工作的最好切入点。

  同时，确定你的专科医生是否在攻读研究学位，你可以经常在医院的网站上的科室主任下发现他们的这些信息。这点简单的信息可以帮助你确定你的客户处方的习惯，就可能筛选信息并找到影响他（或她）的上一级专家。
- 用专业语言交流。每个专科都有其自己的专业语言、流行语、行话和最喜爱的词句。学习和应用这些"行话"，会建立你的信誉度。

- 了解你的客户关心的事。许多专科医生会积极参与专业团体或行业协会的活动。举例来说，风湿科医师可能是关节炎基金会或神经、癫痫基金会的成员。知道你客户热衷参与的社会活动，可以帮助你与他们建立更强的联系。在非专业的环境，要学会识别建立关系的机会。
- 总是尊重你客户的时间。尽管见到专科医生比普通基层社区医生可能会更容易，你还是应始终尊重客户的时间，好好利用它。请确认每次访问你给医生和工作人员带来的价值，即使只是建立融洽关系也好。
- 理解差异性。尽管在许多方面拜访专科医生与普通医生基本相似，但还是有些差异的。知道主要的差异可以帮助你锁定信息，谈到专科医生客户的需求，并增加他们处方你产品的可能性。

随着患者需求的提高，医改对医生的要求越来越严，近来约束医药代表接近医师的趋势也变得明显，医药代表们必须真正带给专科医生有价值的信息。许多医师觉察到医药代表与他们交流的价值，但是销售时传达的信息如果能使护理患者更简单，而且能够节省医生的时间和精力，就是提供给专科医生最有价值的信息。

向专科医生销售的技巧

- 筛选信息。当拜访专科医生时，医药代表必须从有价值的知识和经验中筛选信息。提供给医生的信息不仅包含了怎样以及何时使用你的产品，而且也包括哪种患者适合使用此种产品，还包括药物如何改善那些患者的身体状况，帮助他们了解如何正确使用这些药物。这种信息对专科医生非常重要，应当被整合在一次拜访当中。
- 催化销售。医生可以从那些能够简明陈述他们的产品的医药代表身上找到价值，例如通过临床研究，并说明这些药物是如何适用于患者的。

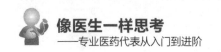

医生认为那些展示医疗知识的销售代表们比只是简单为自己找途径的医药代表更有价值。探讨患者护理（而不是用视觉辅助工具推广）会使医药代表熟悉医师的兴趣爱好，对于医生和患者来说，通过介绍临床研究结果及该产品的优势详细阐述更有说服力。而医药代表的性格是销售成功的关键，相比之下，以临床水平沟通的能力对于医生来说就显得不太重要了。

向专科医生销售需要顾问式的销售，这种方式比"指导式"销售更加具有"引导性"。引导式销售使得销售代表们变成以患者为导向的谈论话题，这种话题涉及生活的内容。他也可以促进销售代表学会提问恰当的问题，并且引导专科医生从临床角度考虑相关的药物治疗对患者的意义。例如，你可以问，"嗯，你认为这种治疗方案是否可行？"而不是要直接要求医生处方你的产品。或者问"在特殊的病例中，你会采取什么措施？"你也许可以试探一下医生，比如"你对这个临床研究能给点建议吗？"如果有兴趣的话，医生就会谈出很多问题，也许就会影响医生的处方习惯了。

从专科医生的角度思考，对自己掌握的信息加以完善和润色，这些信息应当包括临床和学术资料，它们对患者的治疗和医生的实践能否成功非常关键。当你和专科医生分享患者护理的关心问题时，协助他们开展健康和良好的临床实践，医生就会感到你存在的价值和意义了。

医生拜访中展示销售工具的技巧

如果你曾经参加过学术会议的展会，你就会知道在那里讨论你的产品更轻松些。在医生办公室，你可能会觉得他们总是没有时间见你或总是想摆脱你。但在展会上，他们正朝你走来，想得到产品信息，甚至想得到你手中拿着的产品宣传单页。你可能喜欢展会的另一个原因是，与典型的销售拜访不同，每件物品都在你的推广袋里，你有一张表写着你所有的销售辅助资料在那里，它们大都在很容易拿到的地方。如果一个医生问有关产品的问题时，很容易快速查看该表，找到你需要的销售辅助资料。你可能喜欢展会的第三个原因是这些会议通常站在中立的角度举行，因为你不是在医生办公室，在那里，他（或她）拥有权威，并且通常还受到时间的限制。在展会上你可能会觉得医生真正成为了同僚。也还有很多其他原因会让你喜欢参加展会。现在，我们回到医生拜访上，重点讨论如何正确地像在展会上一样运用这些销售辅助资料。

避免到处乱找资料

我相信很多人都有这样的经历：在医生办公室拜访，当被问及问题时，手头并没有正确的答案，我们不由自主地伸手到文件袋里，从产品宣传单页上找答案。当我们没有找到正确答案时，我们便开始疯狂寻找借口，就像我们去找东西一样（"真不敢相信，我是放在这里的呀，现在怎么会找不到了呢？"）。我们开始感到脸红、紧张和尴尬，此时，我们已完全不知所措了。这绝不是一次好的拜访！因此，进入医生的办公室之前，请务必重新整理物品、宣传单页到资料袋里，才有可能进行一个成功的销售拜访。一定要以与展会宣传类似的方式放置这些资料。在展会上，你不会把这些资料与产品DA都混起来。更进一步，你在展会上把桌子分成几个部分，把最重要产品放在最大的桌面，不重要产品放在最小的桌面。在这些桌面中，你都放着所有的产品DA、临床研究、患者教育资料和特定产品或疾病相关的宣传品。

同样，在医生拜访中你也应注意放在你的推广手袋及活页夹里的资料。确保你的资料袋是干净和有序的，知道每个关键销售辅助资料的位置，在你的资料袋分类放好产品的信息。有时候，拜访医生后，你可能把销售DA放错资料袋。因此，在拜访医生后，应立即整理你的资料。当你重新装入销售DA时，你才能再进行下一个拜访。在销售拜访后，需要花几分钟时间，来重新检查和整理资料，而不是急于去拜访下一位医生,这样可帮助你避免拜访时到处乱找资料。

正确使用销售辅助资料

医药代表拜访前应带好整套的销售辅助资料,但不能直接把销售辅助资料给医生,而必须做到边叙述边使用。

使用资料时注意:①医药代表使用时,应一直拿在自己手上,并用钢笔指示重要部分给医生看,同时叙述。②医药代表应注意把无关的部分折起。③所有材料给医生之前,应该先用钢笔把重要部分标出来。④医药代表与医生谈完后,再将材料交给医生,注意不要在谈话之前递送。

关键信息:患者"画像"

你已计划了销售拜访,并确信知道如何说服医生使用你的产品。你很高兴,因为有关产品的每件事,甚至支持的证据,都很理想。你向医生推广产品,强调你思考的每件事都会引起医生的兴趣,当与他们交谈时,"您认可我们的产品吗?""您不认为我们的药物将会帮助你的哮喘患者解除痛苦吗?"但当医生说"不"时,你简直不能相信你的耳朵。为什么结果会与你设想的大相径庭呢?可能是因为你没有很好地运用患者"画像"。

为什么要运用患者"画像"呢?

患者"图像"是口头描述一个患者的身体状况,和他(或她)

经历的疾病状态,以及治疗可能出现的相关不良反应。患者"画像"传递的信息要与医生日常临床的诊疗有关。

当你向医生推荐某一个产品时,非常重要的是要尽可能与医生的需求相关。不要推荐笼统的产品给医生,如"本产品是针对你的哮喘患者"。医生不会关注这种类型的描述,因为这过于宽泛。

医生会用相似的衡量标准如生活方式、症状、年龄或性别对患者分类,来确定他们的临床诊疗方案。当你从这个角度去思考,你能较好了解医生每天所看的患者。这种方法可以帮助你量身制订要传递的信息。如果你尝试向医生推销从治疗价值上不适用于他们的实际患者的话,他们不会对你的产品产生兴趣。你的工作就是要识别出你的产品给医生带来的利益,并把利益与实际的患病人群联系起来。

如何创造出患者的"画像"呢?

首先,识别出拜访医生期间想让医生知道的关键销售卖点(例如,每日1次用药的简便性),试问自己,这一关键卖点的利益是什么?

其次,找出符合自己产品治疗患者的利益点,以及弄清楚自己产品是如何为患者带来利益的,包括年龄、性别、职业以及患者"画像"的关注点(例如,一个患者"画像"可能是一位多次服药的老年患者,需要容易服药的日程表,以使他能按时服药)。

第三,以前面的案例为例,你在销售治疗哮喘的产品。其中产品最大特色之一,是其方便性,每天两次给药。该特点使患者很容易记得早晚服药,它不会干扰忙碌的生活方式,可以帮助患者建立良好的依从性。第二个特点是,患者不会出现神经过敏。这一特点的利益也是依从性,因为患者会更愿意接受不产生过敏现象的药物治疗,这并不会使他们感到雪上加霜。第三个特点,可能是产品的安全性,患者将不必担心长期服药带来的不良反应。

现在,这个产品可以帮助什么类型的患者?一名30多岁在办公室工作并已有年幼孩子的妇女,她在过敏的季节时,哮喘得厉害,

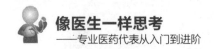

但她不喜欢使用吸入剂,因为这让她感到焦虑,并令她感到疲倦。她每天都没有时间去感受和选择口服制剂。她的症状正在日渐恶化,但她担心口服可能形成的依赖性,或因不良反应导致更为糟糕的问题出现。这个患者"画像"就是你产品的最适宜目标患者。

"所以,医生,根据我呈现给您看的研究,你不会不同意,对于治疗30多岁并已有年幼孩子的妇女,这是一个很好的选择,不仅她感觉更好,这还将帮助她跟上繁忙的工作,便利的服用方式以及没有任何不良反应也将帮助她依从您开出的治疗方案,她会感激这种药物带来的益处。"

运用患者"画像"销售你的产品

当你做销售拜访时,与医师开始的对话可以勾画出使用你产品的患者"图像"。由于医生开始了解到你的产品可以帮助他(或她)的患者,你就可以扩大你的谈话内容,展示临床证据来支持你的请求。然后通过达成患者"画像"进行销售缔结。并强调如果他(或她)使用此疗法,患者的生活将变得更好。想一想通过一个完整地拜访线索来勾画患者"画像":开场 ➝ 谈到产品的利益 ➝ 最后缔结。

利用患者"画像"设计一套针对医生和患者的特定需要的谈话,揭露那些医生和患者的需要,并将信息转换为销售的机会。